高光时刻

重大活动电视直播全攻略

HIGHLIGHT
MOMENTS

许强 /著

中国人民大学出版社
·北京·

多方赞誉
HIGHLY COMMENDED

孙玉胜
凤凰卫视执行董事兼总编辑

大场景、多机位的现场直播是衡量媒体影响力的重要维度和标尺。这种仪式类直播极具专业性和艺术性，且必须有诸多实践经验甚至教训的积累，方能达到酣畅淋漓的传播效果。像 2019 年国庆 70 周年大阅兵这样的大型现场直播，每代从业者并不会历经多次。如何为未来同行更好地掌握直播规律并寻求新的突破提供借鉴，正是本书的初衷和价值所在。

白岩松
中央广播电视总台主持人

有人说：新闻是历史的初稿。在进入电视直播时代之后，这初稿正大踏步地靠近定稿，很多国家盛典和历史事件正是通过屏幕成为公众的公共记忆。

本书就是一本由大型直播组织者书写的盛典直播专业说明书和操作指南。这些盛典被作者许强定义为高光时刻，但细看他的文字就知道，这"高"是高科技、高精密、高烧脑和对历史、国家、受众、职业高度负责的"高"，只有每次"熬上百次的夜，着上千次的急"，才能避免万一出现的差错。

所以，这本书虽然总结的是过去，但书写的是未来，是更高的下一次！

康辉
中央广播电视总台主持人

许强兄嘱我要尽量做一个客观的读者，理性、冷静地评判本书的成色。这很难，因为与他并肩奋斗在新闻一线三十余年的友谊、自己曾经参与书中提及的几乎每一个"高光时刻"所引发的共鸣，都使我难以避免阅读过程中的情感起伏。

但读后掩卷静思，我可以负责任地说，这本书正如每一场国家盛典的直播，既具极致的专业精度，又有笃定的责任担当，更含饱满的情感底色，是内行可以看出门道、外行亦可看到热闹的精彩表达。本书当为媒体不断推进高质量发展，不断提升讲好中国故事、传播好中国声音的"软实力"立此存照。

海霞
中央广播电视总台主持人

说实话，不喜欢读专业书——理论高深，专业术语晦涩，遇到大部头的又难有大块时间静下心来研读，往往半途而废。如果能读到有用、有料、有趣，有理论、有实践、有思考、有细节的专业书籍，含英咀华，实为人生《高光时刻》。

作为一名追随者、亲历者，翻开书稿，思绪便被带回到一次次国之盛典直播准备的日日夜夜。事非经过不知难。观众朋友看到的每一次圆满成功，背后都是电视人总台人、每个工种每个细节、精益求精打磨反反复复推敲的系统成果，更是如作者这样的总指挥全局架构运筹帷幄，追求中华文化时代表达的心血结晶。本书帮我更深入地了解、理解了高光时刻背后的理论基础、实战操作。看似云淡风轻，实则底蕴功力深厚。

书，很有趣。配图里顶着智慧的大脑袋进行讲解的人就是作者许强，是师长、是朋友、更是一位老哥，坐在对面，把那些他和团队成员无数个日日夜夜思考研磨、山重水复柳暗花明……的真实事例掰开了揉碎了娓娓道来。

最重要的，很有用。无论是老传媒人还是刚入行的新伙伴抑或是相关专业的学生，甚至只是对这些高光时刻背后故事感兴趣的朋友，坐下来品一杯茶，细细地读，会咂摸出很多东西。地铁、高铁、飞机上的零星时间，随手翻看，每个章节都有不少知识点，真货、干货满满。

我认真读完，学到了很多，也负责任地推荐给您，我的朋友。

胡正荣

中国社会科学院新闻与传播研究所所长

绝大多数人都是通过媒体视听感受到国家盛典带来的强烈震撼，认知其重大意义的。许强及其团队成员正是记录这种高光时刻的背后英雄。

作者把他们精心谋划、精致设计、精准记录、精美呈现的全过程全方位和盘托出，让业内外读者深入了解国家盛典的媒介叙事。呈现历史高光时刻要有记录高光时刻的能力和水平，许强和他的团队有！他们为行业树立了标杆，为专业确立了高光！我推荐，强烈地推荐这本书！

周勇

中国人民大学新闻学院院长

作为 20 世纪最强大的大众传播媒介，电视以其视听兼备的能力记录历史、见证历史，为人类社会留下宝贵的记忆。90 年代以来，中国社会的迅猛发展与电视事业（以及互联网视听传播）的狂飙突进交相辉映，造就了当代中国现代化进程中的一段绚烂景观。

作为资深电视从业者和互联网视听传播的早期探索者，许强及其团队不仅亲历、某种程度上也参与形塑了这些高光时刻，本书所呈现的，正是经由他们的个体记忆而折射出的时代记忆。这些带着温度的第一手资料，是前行者留下的宝贵历史记录，亦足以昭示未来。

王晓红
中国传媒大学本科生院院长

《高光时刻》是历次重大活动直播国家队总指挥的力作，集有用、有料、有趣于一体，堪称直播宝典。倘若想知道场外观众是如何被电视直播带入现场，时时在场；想系统了解并研究重大历史事件直播这一特殊的新闻实践和文本类型的逻辑和理念，及其是如何仪式般展开的，未来又将怎样发展，这本书无疑是最佳选择。

张超
山东大学文化与传播学院教授

融媒时代，"直播"的边界在泛化，网络直播的出现让直播主体泛化、直播内容日常化、直播风格趋于原生态，很大程度上消解了"直播"一词的专业性。

《高光时刻》以重大媒介事件的电视直播为研究对象，通过对电视直播"后台"的"深描"，揭示了电视直播如何实践、何以专业。本书对电视直播诸环节的分析鲜活生动、细致入微，既是业界提升直播水平的指南，也是学界洞察电视直播的窗口。

序
PREFACE

直播迭代
全媒体时空记录、意义建构与价值创造

胡正荣

各位读者正在阅读的这本《高光时刻——重大活动电视直播全攻略》是一本有关电视新闻直播的，有用、有趣、有料的全新著作。作者许强毕业于中国传媒大学前身北京广播学院的电视系，30多年奋战在中国最主要的电视媒体——中央广播电视总台的电视新闻报道一线，亲身经历了影响中国和世界的众多新闻事件，并通过他和团队的电视传播实践，用影像收录、记载下来这些重大时刻、重要

事件和关键场景，通过直播、录播或转播的形式，借助电视以及众多其他平台传播到全中国、全世界，用视听影像，特别是电视新闻直播话语体系彰显了时代意义，创造了历史价值。

说起直播，今天网络时代的用户首先想到的一定是各种视频平台上的直播。其实，从历史上看，直播是与大众电子媒体相伴而生的，它是大众电子媒体记录与叙事的基本形式和手段。当 20 世纪初叶大众电子媒体比如广播出现的时候，就开始了直播，并以直播为基本的播出方式。当 20 世纪 30 年代电视作为大众媒体开始出现并逐步兴起后，直播也依然是电视的播出方式。个中缘由其实很简单，因为技术手段限制，当时没有很好的录制设备和录制条件，因此只好直播。乃至 20 世纪 50 年代电视在我国出现并开始播出，也是用直播方式播出新闻甚至短剧等文艺节目。只是到了录音录像技术手段快速进步之后，广播电视才更多地用录播形式播出新闻和其他类型的节目，以确保节目质量和播出质量。技术进步推动了广播电视等大众电子媒体改进记录、制作、播出方式，也影响了听众观众的接收方式和视听体验。从传播规律上看，最自然、最真实、最直接、体验最佳的当然是用户能够在新闻现场或者艺术现场，沉浸式感知、认识、交互与体验。因此，大众电子媒体一直就没有中断过通过直播将现场呈现给用户的尝试与努力。随着社会需求的增长、技术条件的进步、专业水平的提升，大众电子媒体直播——包括新闻在内的电视直播就一直被寄予厚望，成为电视产生重大社会影响并成为最重要大众媒体的原因之一，电视直播收录现场、直播历史、彰显意义、创造价值的作用日益凸显。

直播的发展是有清晰的演进路线的，是逐步迭代升级的。就直播的媒介而言，从最早的广播直播，到后来的电视直播，再到互联网时代的网络直播，特别是当下的移动视频直播，乃至全媒体直播，介质发生了根本性的变化、平移与融合，一方面呈现出从单一媒介逐步发展到全媒体直播的样态；另一方面，视频直播的屏幕发生了变化，电视直播出现后，通过大屏直播是全部，互联网时代到来，PC屏特别是当下的移动端已经成为直播的主战场和主渠道。

就直播的内容和主题而言，从最初的新闻直播、有限的其他类型节目直播，到全部新闻节目直播、几乎所有重大新闻事件直播，再到多种类型节目直播，包括大型文艺晚会、体育赛事，如1964年第18届东京夏季奥运会首次实现了向全世界电视实况转播。电视甚至可以直播战争，我在2003年就研究并撰写文章讲到2003年3月20日开始的美国对伊拉克的战争，是人类历史上首次完全由电视直播的战争。这既是战争的"奇迹"，也是电视的"奇迹"。到了互联网时代，特别是移动互联时代，网络直播将宏大叙事一下子落地到用户的身边事，海量的用户自创内容直播，前所未有地丰富和拓宽了传统广播电视直播的内容和范围。由此可以看出这种历史变迁的轨迹是从直播早期、中期的专业直播，日益走向专业直播与用户自创内容直播相并行。

新一代信息传播技术（ICT）带来的智能互联网将会深刻地影响着人类与外部世界的互动。就媒体行业而言，也就意味着智能全媒体传播时代的到来。在这个时代，智能全媒体完成时空记录与呈现，以新方式、新手段、新话语通过直播彰显意义，并且实现系统性的1+1大于2的价值创造。

在智能全媒体传播时代，我相信，本书详尽介绍的电视新闻直播流程、环节、关键细节、技术支撑等都有着根本性的、恒久性的指导作用，特别是对日益涌现的UGC（用户生成内容）、PUGC（专业用户生产内容），乃至未来的 AIGC（生成式人工智能），直播都有着超越时空的实践价值。

在这部电视新闻直播宝典的基础上，我们也可以设想一下智能全媒体直播的颠覆式创新。所谓全媒体直播，应该是全程直播、全息直播、全员直播、全效直播的集成，同时还要加上全智能直播。

全程直播不是指对直播对象的时间意义上的线性全程直播，而是指各种介质、各个主体对于直播对象的全时空、全方位记录，而且这种记录是超个体视角的、超单一主体体验的、超线性过程记录的。

全息直播是指叙事方式、呈现手段和话语体系的全息化，以全息思维，用三维乃至高维手段，收录、表达并呈现用户全感，比如沉浸式交互体验现场及其各种场景和要素，可以是真实时空现场的数字再生，也可以是真实时空与虚拟时空融合的数字孪生，还可能是对直播对象进行虚拟生成的数字原生，以此形成了整个视频直播话语体系的根本性变革。

全员直播是指利用各种渠道平台与用户对象，实现直播现场时空的完全连接。一方面，直播主体从早期的 PGC（专业生产内容），演变到日益增多的 UGC，乃至 PUGC，随着人工智能大规模深度应用到媒体后，还会出现直播领域的 AIGC，这就意味着直播主体全员化；另一方面，直播终端，即实现连接的渠道与平台，日益从单一大屏走向多屏、跨屏融合传播，最终很有可能走向无屏的沉浸式、交互式影像直播，实现各种场景下到达目标用户的可能。

全效直播是指用户对全媒体直播的体验效果。当实现全时空全方位直播，全息呈现直播对象，多主体通过全媒体平台，在用户所需的各种场景中实现传播与连接时，就会达成直播的目标与最终效果。

全智能直播是指直播流程与环节的高度智能化。从上游的信号采集，中游的加工生产，到下游的传播与流通，再到终端用户的消费与体验，基于大数据的智能技术将最大限度地优化全流程效率，提升各个环节的效能，极大改善用户体验，实现最佳效果。

许强和他的团队已经在电视新闻直播领域进行了大量尖端实践，这些实践成果为直播迭代升级打下了坚实基础，并且为迈进智能全媒体直播时代积累了宝贵的经验。这在全媒体传播体系建设中具有重要的实践意义。另外，本书以关键词的形式将电视新闻直播的关键环节和重要问题提炼和梳理出来，已经形成了电视新闻直播，乃至全媒体直播的主要概念、范畴，为进一步建构适应智能全媒体直播的理论框架奠定了良好的基础。因此，推荐广播电视、网络媒体、全媒体机构的一线从业人员好好研读这本书，以拓展思路、拓宽眼界、提升直播实践能力；也推荐新闻传播学界的学者和学子深度分析这本书，因为本书基于如此丰厚的实践沃土，提炼抽象出更丰富的概念和范畴，丰富壮大了智能全媒体传播体系的相关理论。

是为序！

（作者为中国社会科学院新闻与传播研究所所长）

目录

CONTENTS

1 从"时间线"说起   *001*

1.1   谁动了我的"时间线"   *003*

1.2   "时间线"上的腾挪   *004*

1.3   网络直播能取代电视直播吗？也许   *008*

1.4   重大活动电视新闻直播的魅力   *015*

1.5   回忆满满，历历在目   *016*

2 开始码人
直播团队的组建   *019*

2.1   总导演必须具备过硬素质   *020*

2.2   总摄影师思考创作经典镜头   *029*

2.3   分系统导演呈现系统特色   *032*

2.4   协调沟通岗位不可或缺   *042*

关键词 **1**：汇聚专才 /021   关键词 **2**：规范口令 /041

关键词 **3**：提示点计时 /048   关键词 **4**：红线意识 /050

3 头脑风暴
直播策划的章法   *053*

3.1   策划第一步：去现场"踩点"   *054*

3.2   策划第二步：定位   *057*

3.3   策划第三步：写文案   *064*

关键词 5：洋葱工作法 /055   **关键词 6**：直播要展示观点 /061
关键词 7：拆解环节 /066

4 搭建系统
直播系统的集成   *069*

4.1   科学搭建系统：分清层次，理清脉络   *072*

4.2   巧用特种设备：视角独特，重点突出   *076*

4.3   创新系统构成：确保系统稳定   *079*

关键词 8：总系统就是写目录 /081   **关键词 9**："抹缝" /085

5 脚本设计
直播分镜的创新   *087*

5.1   分镜头脚本的设计要点   *088*

5.2   从文字到画面：连环画式分镜头脚本创新   *105*

关键词 10："唱本子" /099   **关键词 11**：复盘 /103
关键词 12：沟通合作平台 /104   **关键词 13**：建构镜头创意序列 /131

6 万无一失
每个环节都有预备方案 *139*

6.1 直播中应急预案不可或缺 *142*

6.2 应急预案必须穷尽各种隐患 *142*

6.3 设置安全镜头是应急的必要手段 *151*

6.4 直播"新武器"：仿真系统 *154*

关键词 14：备份镜头 /145 　　　关键词 15：始终可用 /148
关键词 16：动态调整 /153

7 直播开始啦
"世界一流，历史最好"炼成指南 *159*

7.1 玩转机位的布局 *161*

7.2 镜头的选择艺术 *167*

7.3 不断拓展的视角 *196*

7.4 "时间线"上的镜头叙事逻辑 *218*

7.5 声音的还真 *230*

7.6 实用创作工具包 *237*

关键词 17：规范与设计 /162 　　　关键词 18：导演要变成事件本身 /168
关键词 19：关键镜头 /170 　　　关键词 20：大全景相对性 /172
关键词 21：镜头选择 /175 　　　关键词 22：空白时间 /177
关键词 23：要素取舍 /191 　　　关键词 24：读懂拍摄对象 /194
关键词 25：任务条 /195 　　　关键词 26：主体视角 /206
关键词 27："时间线"上的百米环节 /221 　　　关键词 28：空间换时间 /224
关键词 29：声音还真 /231 　　　关键词 30：集中亮相 /238
关键词 31：合理跳轴 /239 　　　关键词 32：节奏 /243
关键词 33：塑造主体 /246 　　　关键词 34："带着飞机走" /250

8 **穿针引线**
直播解说词的写作 *255*

8.1 功能：穿针引线 + 画龙点睛 *256*

8.2 关系：增光添彩 + 浑然一体 *261*

9 **插上翅膀**
直播新技术的运用 *265*

9.1 技术创新带来的直播新突破 *266*

9.2 直播中的"特种兵设备" *277*

关键词 35：适配 /267   **关键词 36**：即时收录回放 /276

10 **面向未来**
想象直播的极致 *301*

10.1 探索极致："世界一流，历史最好"的边界追求在哪里 *302*

10.2 内容上的趋势 *305*

10.3 技术上的趋势 *306*

高光时刻

**HIGHLIGHT
MOMENTS**

从"时间线"说起

前不久，"谁动了我的'时间线'"成为热闹一时的网络话题。人们惊讶地发现，一直认为上学时所学的"天将降大任于斯人也"，在几十年来几乎所有版本的语文教材中都表述为"天将降大任于是人也"。大家惊呼：是谁修改了我们的记忆？谁动了我的时间线？

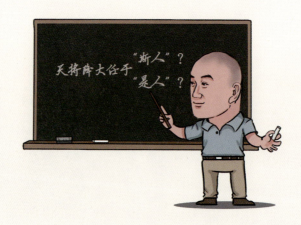

作为一名电视工作者，看到这则趣事时，不禁莞尔。谁动了我的"时间线"？和出版社的朋友聊起此事，他们分析判断，很可能就是电视——在我国港台地区，对于孟子的这句名言，多采用"斯人"的说法，因此，伴随着 20 世纪八九十年代大量港台电视剧的风行，人们将书本里的"是人"不知不觉地替换成了电视剧里的"斯人"，也就不足为奇了。

传统的电视是一种线性播出的媒体形式，观众是依照电视台提供的节目播出这条"时间线"来观看电视的。如今，非线性播放的视频点播在互联网上风生水起，对传统电视产生了极大的冲击，国内外很多电视台也开始尝试在大屏上推出非线性的视频点播服务——有线电视的"时间线"已经被时代的发展改变了。

1.1 谁动了我的"时间线"

在电视行业的核心业务——直播领域内，"时间线"依旧是一种毋庸置疑的存在，对于网络视频来说也是如此。当事件发生、正在直播的时候，无论采取线性播出还是点播的方式，"时间线"就在那里，没有办法提前也没有办法推后。只不过，在不同直播制作者的手里，同样的"时间线"会呈现出截然不同的效果，有时甚至会让人觉得他们直播的不是同一件事。

很多人都有一种感觉，在家看电视直播，比在现场身临其境效果更好。我的一位朋友曾在央视一号演播厅观看春晚彩排，看后说"还是电视看得清楚"。确实，无论是阅兵式直播，还是体育赛事直播，抑或是春晚直播，在家看到的往往内容更多、细节更丰富、印象也更全面。您可知道，在这背后，有人也悄悄动了您的"时间线"？

不，请您不要惊慌——笔者想要在这里表达的意思，不是说我们修改了您的记忆，给您看了未曾发生的事情，而是我们通过电视直播技术，让您看到了如果在现场，在同样的时间、同样的位置根本无法看到的内容。比如，阅兵式上战士脸上的汗水、歼20战机上俯瞰的北京、坦克履带视角的长安街……也就是说，您通过电视直播镜头看到的事件本身，伴随着一条"膨胀"的"时间线"，在这条"时间线"上，您可以接收到超乎现场观看数倍的信息。

在这条"膨胀"的"时间线"背后，往往伴随着一个庞大的直播团队，配备着当前最先进的装备，要克服难以想象的困难，只为您能够在同样的时间内体验到最大化的视听效果和身临其境的感觉。优秀的电视直播专业人士可以成为您的眼睛、耳朵甚至头脑——除了画面和声音，他们还把新闻事件的核心内涵通过镜头语言传达给您。

1.2 "时间线"上的腾挪

大家说到的"时间线"，实际上是对当时某一段时间的"记录"，是人生成长过程的记录。以上有关"斯人""是人"的争论，记录的方式是留存下来的课本。记录流逝岁月的方式还有很多，如绘画、摄影作品、录音、电影胶片，当然，近几十年电视成为记录的主角，现在又发展到了移动视频的大量参与。

留存下来的纪实作品有非常简单的，一个或几个镜头，声音也不完整、只能算作片断；也有明显看出有追求的，力图在相等的时间内，用镜头表现更多的主体、环境，力图展现精彩时刻、精彩瞬间，展现宏大场景、细微表情。不同水准的人和团队，在同样的场景、同样的时间内，记录、播出的水准相差悬殊。

目前世界上对重大活动、重要新闻事件、重大典礼进行现场直播的电视机构，举例来说，有对王室婚礼、加冕仪式进行现场直播的英国BBC，对国庆庆典进行现场直播的法国电视台，对卫国战争胜利日的红场阅兵进行现场直播的俄罗斯电视台，对国庆、抗战胜利日逢五逢十周年、"建党百年"等进行现场直播的我国中央广播电视总台。

现场直播被称为电视行业中各种业务类型的"天花板"。之所以有此称号，是因为现场直播从思想创意、艺术表现到技术呈现等方面来说，实现的难度都非常高，是一场即拍摄、即剪辑、即放映的"即时电影"，也是一个多层级调度操作、多系统并联的镜头切换组合，没有事后剪辑，也没有富裕片比，是直接播出的"思想＋艺术＋技术"的组合，在最佳时机，

英国王室加冕仪式

查尔斯黛安娜婚礼

俄罗斯卫国阅兵75周年

以最佳角度、最佳景别、最佳运动方式形成的最佳镜头序列组合，从而达到最佳效果。

　　知易行难，笔者在刚刚入台时就亲眼目睹两次重大事件直播失误。第一次是我国与某国建交后，对方总统首次访华，两国电视台播出在人民大会堂东门外广场举行的欢迎仪式。对方转播团队因为无法在此地架设机位，商定由我方提供公用信号，他们专门提出一定要有两国领导人双手握在一起的特写，但我方由于准备不足，对移动主体的焦点没有掌握好，镜头推上去时是一片模糊，等拉出来调好焦点，双方领导人的握手已经结束了。

　　第二次是某国总统到某大学演讲，也由我方提供公共信号，也是因为准备工作不足，方案大而化之，没有在演讲台设置专用拾音话筒，导致声音就像从远处飘过来的一样，根本听不清，笔者当时惊讶得不能相信：这难道就是国家电视台的直播水平吗？！于是暗下决心，要在这方面努力，一定要追求"世界一流"，每次更新"历史最好"！经过三十多年的历练，经历了十几次重大活动的直播，收获的经验和教训都很多，因此想把这些实战心得进行提炼总结，以飨读者。

直播记录的永远不会是发生内容的全部，所以要有选择，把环境内的内容相对完整地展现出来。

"时间线"上的腾挪是指在可预知的一段时间内，对所发生内容的电视实时记录，是镜头创意的序列组合、是机位设置和机位角度设计、是镜头景别设计、是镜头的运动方式，以及为此而搭建的系统设计和配合，是在这段"时间线"上的视音频手法创新、是系统导演和摄影师的精妙配合，是思想创意＋艺术表现＋技术呈现的高超即时表现，是限定时空内的一种"腾挪"。

电视现场直播

电视现场直播是一场即拍摄、即剪辑、即放映的"即时电影"，也是一个多层级调度操作、多系统并联的镜头切换组合，没有事后剪辑，也没有富裕片比，是直接播出的"思想＋艺术＋技术"的组合，在最佳时机，以最佳角度、最佳景别、最佳运动方式形成的最佳镜头序列组合，从而达到最佳效果。

"时间线"上的腾挪

"时间线"上的腾挪是指在可预知的一段时间内，对所发生内容的电视实时记录，是镜头创意的序列组合、是机位设置和机位角度设计、是镜头景别设计、是镜头的运动方式，以及为此而搭建的系统设计和配合，是在这段"时间线"上的视音频手法创新，是系统导演和摄影师的精妙配合，是思想创意＋艺术表现＋技术呈现的高超即时表现，是限定时空内的一种"腾挪"。

1.3 网络直播能取代电视直播吗？也许

如今，直播已成为人们生活的一部分，一部手机，一个 WiFi，只要具备这两个条件，人人都可以成为主播。

网络直播和电视直播有很多相同之处，也有很多不同之处。

就基本要素而言，网络直播和电视直播并无太大区别，二者都需要拍摄设备（摄像机或手机）、拍摄者（记者、摄影师或手机持有人）、拍摄对象（新闻事件或带货现场）以及信号传输设备（光缆、微波或网络）。

就技术手段而言，网络直播和电视直播各有特点。网络直播的优势是灵活、便捷、互动性强，缺点是传输方式不够稳定、从业者的专业性和准确性有待提升；电视直播的优势是传输稳定、行业经验丰富、能够组织超大规模直播，以及从业者的专业性、准确性更强，缺点则是不够便捷灵活，与受众的互动性较弱。

就题材而言，网络直播的内容包罗万象，涉及社会生活的方方面面，其中难免有良莠不齐的现象；电视直播由于其对公众播放的特点，在题材方面有更为严格的要求。本书所讨论的电视直播，是指国家重大活动电视新闻直播，这一领域是电视行业的传统优势领域，近年来网络媒体也在积极进入。党的十八大以来，媒体融合发展成为我国传媒行业最主要的发展趋势。2019 年 1 月 25 日，习近平总书记在中共中央政治局第十二次集体学习时强调，要运用信息革命成果，推动媒体融合向纵深发展，做大做强主流舆论，巩固全党全国人民团结奋斗的共同思想基础。可以说，网络直播参与国家重大活动直播是一个必然的发展趋势。

对于电视行业来说，这是机遇也是挑战。说是机遇，是因为网络直播的进入将进一步丰富国家重大活动的报道层次和内容。举例来说，在2019 年"国庆 70 周年"阅兵和 2021 年"建党百年"庆祝大会的直播中，中央广播电视总台充分利用网络和融媒体优势，对现场电视直播做了有效补充，放大了电视直播的魅力和传播效果。这就是网络直播和电视直播双赢的做法。

说是挑战，毋庸讳言，网络的发展已经对传统电视行业形成了巨大的冲击，这种冲击几乎是全方位的，包括传播方式受限、开机率下降、广告收入下滑、短视频占据大量市场等。

在一片冲击之中，国家重大活动电视新闻直播，是电视行业在面对网络挑战时少数几个优势领域之一。在这一领域，中央广播电视总台又具有绝对的领先优势，从以前的央视到现在的总台，承办了几十年来所有重大国家活动的现场直播任务。

我们不妨来看看中央广播电视总台在国家重大活动直播中的三个优势。

第一是政策优势。目前在重大题材领域，比如重大庆典、重要仪式、重要活动等，我国还没有对视频网站开放直播权限，主要还是总台央视独家拥有这些活动的直播"入场券"。

第二是积累优势，主要包括人才、技术和经验三方面的积累优势。大批具有丰富经验的直播人才主要还保留在电视行业内，这和上一条优势是密切相关的，因为有些类型的直播只有电视台能做，所以能做的人、设备和技术也基本还留在电视行业内。

经验的积累是从实战中得来的。总台央视在重大题材直播方面具有极其丰富的实操经验，以大型阅兵式直播为例，在长安街全长 2.5 公里的方阵排列线上，到底应该架设多少个直播机位？直播过程中没有实质内容的空场等候时间，应该怎么处理？这些问题如果让没经验的直播团队来操作，必定会花很多时间，走很多弯路，而对于有经验的团队来说，我们有相应的操作手册（本书就将为您带来上述问题的详细解答）。

第三是机构和资金优势。重大活动直播是极其"烧钱"的，丝毫不亚于大型网站的运营维护。总台央视凭借几十年在直播领域内的深耕，在资金投入、设备购置、电视网络架设等方面具有独一无二的雄厚"家底"。从几大主流媒体来看，虽然《人民日报》、新华社近年来在重大活动直播中也跃跃欲试，但要形成竞争力，在资金投入方面就面临很大的困难。有的大型商业媒体网站也许可以通过融资等方式筹集到进行重大直播的资金，但又没有直播的"入场券"。

那么，有了上面所说的三种优势，就可以高枕无忧了吗？答案是否定的。

这是因为三种优势中最核心的优势——政策的优势具有不确定性，一旦重大题材直播向网络媒体开放，今天电视台所能做的一切，网络媒体迟早也能做（虽然也许要花很长的时间），随之而来的将是人才的流失和经验的转移。如前所述，《人民日报》、新华社等传统媒体正在雄心勃勃地进军直播领域，它们也具有政策优势，这种政策优势如果进一步扩大，再和商业网站的资金优势相结合，必将对总台央视形成强有力的挑战。

就好像几十年前，很多中国人要通过电影院在故事片前播放的《新闻简报》才能看到视频新闻一样，当时中央新闻纪录电影制片厂（简称"新影厂"）也具有政策等多方面的优势。而在电视逐渐普及、电视行业蓬勃发展后，电视台同样有了"可以入场"的政策优势，这直接导致新影厂在视频新闻领域的萎缩。将来视频网站一旦获得直播牌照，电视台又何以不会重蹈新影厂的覆辙呢？

　　形势严峻，更要居安思危。挑战是发展的动力，电视人自不必盲目悲观。在现阶段，高水平的新闻直播依旧是电视的强项。如果说网络直播目前还是朴素的、简单的、原生态的，那么电视直播就是专业的、复杂的、再创作的。目前它们有不同的受众需求，也有不同的制作标准。

　　受众对于电视直播的要求更高、更严格。网络直播有很高的容错率，说错了或者信号断了，大不了从头再来。电视直播却必须追求零差错、零故障、高水准、"一次成型"，就像音乐厅内一场无法从头再来的交响乐演奏，或者是在特定氛围内激发演奏者特殊灵感的爵士乐，电视直播必须在有限的时间内，调动所有的元素，完成"只此一次"的终极体验。电视直播尤其是重大题材电视直播，是一场即拍、即剪、即播的"电影放映"。

2019 年新中国成立 70 周年阅兵式直播，就在全国十大电影院线播出，实现了艺术性与新闻性的完美结合。

在很多情况下，受众可以容忍网络直播出错，却无法接受电视直播出现哪怕是一丁点儿的瑕疵。无论是阅兵式还是世界杯，又或是春晚，甚至是普通电视新闻中的直播连线，在观众的放大镜下，如果出现任何瑕疵，都将受到长时间严厉的批评。这是因为受众普遍认为，电视直播有更高的权威性和专业性，如果启动电视直播，所直播的内容更为重要，不能出错。

重大的场合需要匹配最专业的直播，受众的期待要用最高的水准去满足。举例来说，2019 年庆祝中华人民共和国成立 70 周年（简称"国庆 70 周年"）阅兵式及庆典直播，中央广播电视总台提前 7 个月组建了 1 000 多人的报道团队，其中前方直接参与人员达数百人；搭建了中国电视史上最大的直播系统（包括 1 个总系统、6 个分系统共 91 个机位、34 个微型摄像机，以及国庆当晚广场联欢直播的 70 多个专用机位），这个中

国电视史上规模最大、投入最多、设备最先进、技术最复杂的直播系统，首次实现了全流程、全要素 4K + 5G 超高清直播，并在电视端、新媒体端以及全国十大电影院线推出。

这样的高光时刻在整个传媒行业依旧具有强大的力量，正如当年电视的出现并没有宣告故事类电影的没落一样，网络的出现也很难占据电视擅长的领域。

电视人唯有踔厉奋发，保持上述优势并在内容制作、传播渠道、分发方式等方面不断创新、迎接挑战，才能不落人后，勇立潮头。

简而言之，在国家层面的重大活动直播中，总台央视可以继续发挥电视直播领头羊的地位和优势。各省、市乃至县的播出机构，则可以运用本书提及的电视直播操作攻略，熟悉和运用这套直播的理念和方法，在各自行政区域内的重大活动中发挥独特的不可或缺的作用。

1.4 重大活动电视新闻直播的魅力

在电视行业内有一个共识——现场直播是电视王冠上当之无愧的明珠，是电视行业的灵魂。具体到电视新闻领域，无论是类似汶川地震那样的突发事件直播，还是记录一地此时此刻的景观镜头直播，又或者是中国空间站天地对话、三星堆考古成果发掘那样的科技、文化类直播，现场直播都因其即时性、不可预知性和悬念而充满魅力。

而在各种不同类型的电视新闻现场直播中，像国庆阅兵式直播、"建党百年"庆祝大会直播等国家重大活动电视新闻直播是最重要、最难也最有魅力的一类。

说它重要，是因为它直播的内容重要。重大活动电视新闻直播的对象基本都是国家庆典、重要仪式，是要载入史册并被后人不断重看的民族集体记忆。电视直播不仅要完美地呈现庆典和仪式，其本身也是庆典和仪式重要的组成部分。当人们回忆、重温、阐述当年的庆典和仪式时，他们阐述的对象其实就是电视直播本身。

说它难，是因为重大活动电视新闻直播需要搭建最复杂的系统、运用最先进的技术、调动最广泛的资源，才能实现最完美的直播。重大活动电视直播不允许出错，必须用直播的形态呈现如电影般完美的效果，一切都只能在几个小时内完成，为了这几个小时，上千人要忙碌好几个月的时间。很多参与过重大活动电视新闻直播的人都说，参加一次这样的报道，就像是脱了好几层皮，经历了好几次重生。这种感觉就是"难"，以及迎难而上的艰辛。

说它充满魅力，也是因为它的重要和困难。对于电视机构来说，组织这样的报道是技术、人才、能力的大练兵和大检验，每次经历过这样的重大报道，整个团队的"作战水平"就会得到大幅度提升，技术应用水平也会更新换代。而对于个人来说，参与这样的报道不仅能使业务能力和水平迅速提升，还能带来极强的职业自豪感和荣誉感，共襄盛举，与有荣焉。

1.5 回忆满满，历历在目

作为直播团队的负责人，笔者曾亲历 1999 年新中国成立 50 周年阅兵式直播、2017 年中国人民解放军建军 90 周年朱日和沙场阅兵直播、2018年南海阅兵录制（最终未进行直播，但按照直播形态进行全程录制）、2019年新中国成立 70 周年阅兵式直播、2021 年庆祝中国共产党成立 100 周年纪念大会直播等重大活动电视新闻直播。每一次这样的经历，对笔者和团队来说，都是灵魂的洗礼、职业的荣耀。这些年来，我们经历过成功的欢笑和喜悦，也难忘过程中的艰辛和曲折。其中积累的经验和教训，是每一个参与者宝贵的人生财富，也是大家用一场场硬仗换来的心血结晶。

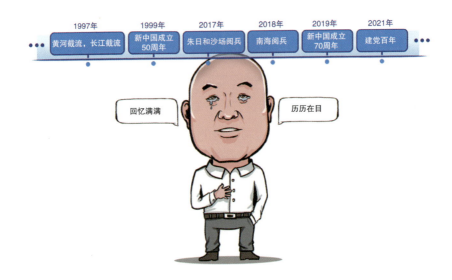

在此，笔者愿将自己和团队的所有心得与经验知无不言，言无不尽，帮助大家在直播工作中迅速进入状态，在实战中少走弯路。您将通过本书，了解到关于重大活动电视新闻直播的方方面面：

——重大活动电视新闻直播的团队应当如何组建？

——重大活动电视新闻直播的系统应当如何搭建？

——重大活动电视新闻直播的技术和设备应具备什么条件？

——重大活动电视新闻直播的机位和镜头应当如何设计？

——重大活动电视新闻直播的分镜头脚本应当如何创作？

——重大活动电视新闻直播的切换有哪些奥秘？

——重大活动电视新闻直播的解说词应当如何撰写？

——重大活动电视新闻直播的应急处置有哪些原则？

…………

以上种种，本书都将进行详细的阐述，并将这些内容总结为重大活动电视新闻直播的 36 个关键词，希望能给有志于从事电视新闻直播的年轻人带来帮助，大家共同努力，让中国的电视行业发展得更好。

高光时刻

HIGHLIGHT
MOMENTS

2

开始码人
直播团队的组建

重大活动电视新闻直播兼具题材重大性和专业复杂性，接到一项直播任务后，首先就要考虑直播团队的建立问题，这个团队中要确定几个关键性的岗位，比如说总导演、总摄影师等人选，这点非常重要。

2.1 总导演必须具备过硬素质

总导演人选应该具备多项过人的素质，首先，他应该是一个资深的电视工作者，经历过很多次直播，不能是太新的新手，新手很多时候做不到对整个直播内容的精准把握。其次，总导演应该有很好的合作精神和定力，否则难以胜任这一职位。因为总导演需要和各个分系统的导演进行沟通，还要做一些取舍，这种取舍不是说无原则的，而是在统揽整个直播内容的前提下，既要接受各分系统的合理化建议，又要保持稳定连贯的创作定力；既不能凭着总导演的权威完全听不进别人的合理化建议，又不能谁说的都听，乱了方向。如果总导演不善于合作，又缺乏定力，实际上最终受影响的还是直播节目本身。最后，总导演还应该具有很强的创新精神，有着在每一次直播过程中都要超越自我的劲头。这几个特点对于重大活动电视新闻直播的总导演来说是至关重要的，关乎直播整体的节目效果，所以，组建直播团队，总导演这个人选特别重要。

关键词1：汇聚专才

重大活动直播团队的组建很重要，必须做到分工明确，职责分明，汇聚各方专才。总负责人管上下对接，总导演管艺术作品、展现串联艺术。

具体来说要有一个项目的总负责人，负责协调对接统筹各方，最好是具有行政权威性的领导；然后下面设总导演、总摄影师，他们负责艺术呈现，其中总导演主要决定节目的总体思路，总摄影师可以在镜头实现、画面语言尤其是细节上给总导演出好点子；总协调人负责各个方面的协调落实工作；总制片人负责整个团队的运行。

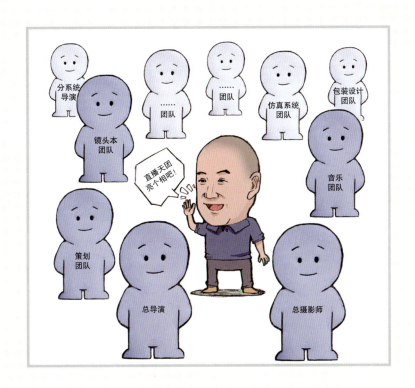

亲历者说
"国庆70周年"阅兵直播总导演　何绍伟

一场重大新闻直播，表达的内容不等于表达的全部。

实况直播很像以一种特殊文体进行"翻译"，需要信、达、雅地呈现原著的杰出和精彩，不仅要把事情讲清楚，还要把门道讲明白，讲出意思、意义、意味，同时符合直播的艺术规律。这就要做到读懂原著、优化原著、译好原著。

读懂原著，一是对活动内涵要准确理解。比如9·3抗战胜利日阅兵是纪念大会的一部分，它的底层逻辑是"王师北定中原日，家祭无忘告乃翁"，直播导演组"以纪念碑为主体元素形成总体视觉框架"。"国庆70周年"阅兵是共和国生日庆祝大会的一部分，它的底层逻辑是"浴血奋战得解放、披荆斩棘成大道、砥砺奋进新时代"，直播导演组"以国旗为主体元素形成总体视觉框架"。所以"国庆70周年"阅兵直播时索道摄像机的架设方式与9·3时有很大不同，此机位可以多角度展示国旗与天安门同框的画面。二是要读懂活动内容的门道，比如现代无人机察打一体的特色，如果没有用镜头展示好光电跟踪仪和空对地导弹，那就只是看了热闹。

除了要读懂原著，直播团队也应该根据活动内涵，积极向主办方建议，丰富原著、优化原著。为了更好地体现全军将士"听党指挥、能打胜仗、作风优良"的精神风貌，在9·3胜利日阅兵直播时我们曾建议直播"队列调整和登车"环节，当然囿于各种原因这一点没能实现。庆祝建军90周年朱日和阅兵活动，没有徒步方队只有装备方队，官兵的精气神怎样才能得到充分体现？那次有了登车环节的直播，沙场阅兵的整体效果就很好。"国庆 70 周年"阅兵，我们提出典礼阅兵的直播也要有创新，要有"队列调整和登车"环节，军方给予了大力支持。双方就场面调度、动作时点等进行了充分沟通，新闻叙事与艺术渲染的关系处理得非常巧妙，精彩纷呈。

内容的增加可以丰富原著，位置的调整也可以优化原著。群众游行开篇段落四位小朋友领唱《今天是你的生日》，直播导演组主动建言献策，金水桥上、军乐团前等诸多点位不断以精确的仿真方式进行测试，最终方案是把四位小朋友安排在国旗杆基座上。稚嫩纯净的面孔与汉白玉栏杆、威严的国旗护卫者、粗壮挺立的旗杆同框，在领唱时通过镜头与群游方队徐徐展开的国旗互动起来，刚柔相济、动静相宜，富有内涵的艺术手法关联了昨天、今天、明天。

⊙ 　四位小朋友领唱《今天是你的生日 》

在读懂原著、优化原著的基础上，还要译好原著。阅兵直播，导演组提出的主要创作原则是：以格式化与个性化相结合的电视语言，在最佳时机，以最佳角度、最佳景别、最佳运动方式，形成最佳组合，以达到最佳效果。

把几个最佳合理组织在一起，其中最难的是最佳时机，这事关电视直播的根本。1:1叙事的"时间线"无法改变，比如分列式徒步方队的敬礼线在东华表，礼毕线在西华表，两者之间相距96米，全程1分06秒，但前、后方队是"你未唱罢我登场"，每个方队纵向整体长度21.9米，方队间隔30米，算下来一个方队走了38秒，刚过金水桥前，下一个方队就"向右看"了，这时如果镜头没切出去，后果可想而知。所以直播不可能像纪录片那样把一个方队从敬礼线到礼毕线的全过程展示出来，不可能像纪录片那样把镜头拍下来到后期不断推敲进行编辑。从操作原理来说，直播这个独特的文体，镜头同步表达的要求是毫厘不差，它在"时间线"上的要求比同声传译还高，不是可以查阅字典、反复斟酌的笔译。

所有的镜头组合起来，要体现分列式排山倒海的气势、整齐划一的能力、精神抖擞的风貌。直播导演组精心设计了节点镜头，清晰地表现方队的逻辑关系、空间关系；按时空顺序准确、连续地把主体的运动过程、主体的特征和细节、主体与环境的关系展现得准确、及时、充分；展现方队的线条所构成的几何美感、动作所形成的程式和程序、躯干与四肢动静结合所形成的韵律、脚步声和音乐声所形成的节奏；以高低有别、组接有序、"看懂门道"的镜头呈现先进的陆、空装备；以华表、天安门城楼、人民英雄纪念碑、人民大会堂等为前景、后景，形成具有深广含义的关系镜头。而分布在分列式、群众游行队伍里的微型摄像机，以主观视点体现出受阅官兵和参与群众"我们来了"的激动心情，让观众更好地触摸到活动的脉搏和温度。

深入掌握好了原著的要点、重点、亮点，有效化解了直播运行的难点、险点，巧妙处理好新闻叙事与艺术渲染的关系，才能成就一场行云流水、叹为观止的电视直播。

　　总导演、总摄影师、各分系统导演和摄影师都是特殊人才。重大活动若干年有一次，在电视台的日常工作中，是用不上他们这些高超技能的，如果单独培养一批只做重大活动直播的人才，成本太高，日常也发挥不了作用，类似于"藏粮于民"，重大活动的人选构成都是在电视新闻团队中的编辑、记者中选拔的，他们有一个共同特征：在模范地完成本职工作的前提下，爱琢磨、喜钻研、勤动手、善交流，逐步形成独特技能，有的是调机导演高手：头脑清醒、沉着冷静、口令清晰；有的是切换高手：眼观六路、耳听对错、下手果断；有的是创意大师：没有他不敢想的镜头、景别和角度，只有现有技术达不到的遗憾，每每出奇，令人拍案；有的是操作特种设备的怪才、奇才：世界上最长的伸缩臂魔幻运用、360°环绕拍摄无死角的效果、俯瞰和贴地跟拍交替进行的震撼表现……凡此种种，都是日常新闻工作接触不到的，许多人五年、十年磨一剑，功夫下在平时，用心、用力逐渐崭露头角。

直播总导演必备技能

总体构思　机位作用　镜头设计　应变能力

一、全面把握总体构思

直播题材确定后，总导演首先考虑的应是通过何种形式表现和突出主题。

二、熟知全部机位作用

现场布局的每个机位都有各自的功能，同时又具有它独特的作用，机位的设置无疑对现场直播起着关键性的作用，了解熟知这些关键性的机位才能在直播中突出重点，充分调动每一个机位，使其发挥出应有的作用。

三、多点机位镜头设计

作为电视直播的总导演，必须要懂电影语言，按照逻辑有效设计、组接多点机位的不同镜头，并将其熟练地应用于电视新闻直播全过程。

四、直播现场应变能力

直播的魅力和难度都体现在其不可预知性上，因此，应变能力对总导演来说至关重要。直播中的应变体现在直播前对流程充分的熟悉和分析上，应能及时提出和发现问题，设想各种困难，设计多种解决方案，把隐患消除在直播之前，避免直播中的忙乱和失误。总导演要考虑到直播中的一切可能性。

2.2 总摄影师思考创作经典镜头

对于整个直播团队来说，总摄影师也很重要。总摄影师不是单纯的摄影师，而是在导演组中设立的一个岗位。总摄影师参与比较高层次的设计，是直播导演组中不可或缺的一个岗位。这是总台多次大型活动直播总结出的经验，也是有别于常规直播的一个标志。有了总摄影师，就会形成镜头设计的"总"和"分"。总摄影师负责创作经典镜头，每个机位的摄影师分别负责其视野范围内具体的画面设计。总摄影师创作的每一幅直播经典画面，既要继承央视电视新闻直播的传统，也要在镜头运用上寻求新突破。这个突破就是以往直播中没有出现过的角度、没有出现过的设计、没有出现过的震撼效果，这几个看似简单的"没有"，其实是每次重大活动电视新闻直播中总摄影师面临的最大考验。所以，总摄影师要踏遍直播范围的所有场地，他要认真地思考，基本上是要 360° 全方位的去想问题，比如哪个角度和哪个元素结合在一起会出现什么样的效果？正是因为有了总摄影师的深入思考，才有了近年来几次重大活动电视新闻直播中为人称道的经典镜头，这些经典镜头被专业人士和热心观众反复提及，也被后续的直播团队不断重复使用。

就像在庆祝中国共产党成立 100 周年纪念大会（简称"建党百年"）庆典活动的直播里，党徽和"100"字样同框，怎么能在直播的时候把这个镜头适时切出来？这是总摄影师要考虑的重要问题，因为切早了不行，飞机没飞过来；切晚了也不行，飞机飞过去了。此外，还要考虑机位"设置比"，如果为了这一个镜头，要设置两个机位，这两个机位不能再有其他用途，对系统资源来说是巨大的浪费，因为直播系统里的每一个机位都非常珍贵，基本上都要实现一个机位多用，如果一个摄像机位只能拍摄呈现一个镜头，即便这个镜头是经典的，但对直播整体来说，仍然是很大的

损失。所以机位调动就需要非常娴熟的能力，也就是说在几分几秒之后，这个机位绝对不能再安排别的用途了，在这几分几秒之后的两分钟里，它必须要拍党徽和"100"字样同框，两分钟一过，就是"100"字样飞过去了，这个机位又"活"了，又可以兼顾做别的用处，这是总摄影师要考虑的。总摄影师要综合考虑直播的时间线和空间线，在直播团队建立中，总摄影师起着创造经典和统筹全场视觉效果的重要作用。

⚪　　党徽和飞行编队组成的"100"字样同框

机位"设置比"

直播系统里的每一个机位都非常珍贵，基本上都要实现一个机位多用，如果一个摄像机位只能拍摄呈现一个镜头，即便这个镜头是经典的，但对直播整体来说，仍然是很大的损失。机位调动需要非常娴熟的能力，要综合考虑直播的时间线和空间线，统筹全场视觉效果。

总导演和总摄影师作为直播团队中的第一创作人，他们必须要有一双善于发现的眼睛。比如，庆祝中国共产党成立 100 周年纪念大会直播成立了导演组团队之后，第一次去看现场，活动的主办方介绍现场布局，这个地方将来可能会有一个大党徽，那个地方可能有年份标志，还有一个地方可能有 50 面红旗。主办方在介绍的时候，总导演和总摄影师脑子里面其实就有了一些画面，所以在还没有脚本的时候，有一些画面就是已经定型了的，这就是在实物呈现前，"发现的眼睛"要看到别人看不到的东西。

除此之外，在直播团队建立后，总导演和总摄影师要鼓励大家把更多的创作想法说出来，导演、摄像各个工种，各个系统都可以说，这既是直播团队不断完善组建的过程，也是节目内容、画面镜头不断筛选清晰的过程，更是整个直播团队各工种、各系统不断磨合、完善、熟悉直播节奏感的过程。

2.3 分系统导演呈现系统特色

导演组构成要合理，总、分系统搭建也要合理，分系统自己的机位安排更要合理。总系统和分系统之间的衔接非常重要，系统间怎么合作，要商讨清楚。直播团队中总导演和总摄影师岗位人选确定后，就要选择另一个重要的岗位人选——分系统导演。现在的重大活动电视新闻直播中，机位常常高达数十个以上，总导演和不同机位的摄影师之间无法实现一个人和几十个人的通话，既没有必要，效率也不高。所以在重大活动电视新闻直播中，经常会设置几个分系统，一个分系统带着一般不超过 20 个的机位。这样的话，如果整个直播需要 80 个或者 100 个机位的话，可能会划分为四或五个分系统。这些分系统能否贯彻总导演意图，同时把自己分系统内的特色呈现出来，就要看分系统导演这个关键岗位。举例来说，"国庆70周年"直播一共设了六个分系统。六个分系统加上总系统的集成，大约一百三四十个机位。其中A系统负责天安门、长安街沿线及长安街以北的呈现，重点是表现阅兵和群众游行的进程；B系统位于天安门城楼上；C系统负责呈现天安门广场内景别；D系统随领导人检阅车移动；E系统由高点镜头组成；F系统是特殊景别机位。

　　根据整体直播内容的需要，这六个系统缺一不可，如果少了哪一部分，就会出现问题，无法实现"世界一流，历史最好"的直播呈现效果，但是再多设置分系统也没有必要，会增加调度的难度。这六个分系统的导演也是直播的创作骨干，他们同样需要敢闯敢冲的劲头，在能力方面：第一是要具备创新精神，第二是要有扎扎实实的工作作风，第三是要不怕吃苦、精益求精。比如"国庆70周年"直播，A系统提前练了两个多月的时间，一个镜头一个镜头去演练。

如上所述，总导演、总摄影师、分系统导演这些岗位是重大活动电视新闻直播团队中的核心，这些人选的正确选拔和搭配可以使整个电视新闻直播达到事半功倍的效果。

分系统导演是电视节目直播过程中的核心成员，要统筹整个摄制团队，执行节目总导演的创作构思，在直播过程中遇到突发状况要第一时间进行应对处理。因此，电视直播节目的分系统导演不但要具有过硬的专业知识素养，还必须拥有节目策划、决断选择、应对突发状况等多方面的能力和技巧。

调机导播是通过对机位的调度和镜头的选择，运用声音、字幕、特技等辅助手段来展现节目，在重大活动直播中统筹调度、掌控时间。

切换导演是分系统导演节目设计、镜头设计的最终执行者，经他之手切换出的画面构图、质感、节奏等是观众的直接感受，在下一个画面切出前他还有纠错纠偏的提示职责，而一旦分系统导演切换意图定了，就要坚决执行，手起"键"落，绝不拖泥带水。

直播笔记
导播台"三剑客"

　　分系统导演是电视节目直播过程中的核心成员，要统筹整个摄制团队，执行节目总导演的创作构思，在直播过程中遇到突发状况要第一时间进行应对处理。调机导播是通过对机位的调度和镜头的选择，运用声音、字幕、特技等辅助手段来展现节目，在重大活动直播中统筹调度、掌控时间。切换导演是分系统导演节目设计、镜头设计的最终执行者。

导播台"三剑客"必备技能

节目策划　　艺术呈现　　手段创新、应对突发状况

决断取舍　　统筹协调

一、节目策划能力

　　每场重大活动的典礼式直播，分系统导演都要根据活动的具体内容和主题来展开直播策划，通过镜头用声画叙事，在充分呈现活动内容的同时，最大化地体现仪式感。这种策划不是活动流程的机械呈现，而是要将各种直播要素有机结合，为节目的总目标服务。

　　要策划出直播的韵律和节奏感。仪式感需要节奏和变化，一场活动、一场直播不可能从头到尾保持一种情绪、一个节奏，必然要根据活动的性质主题和不同环节，设计出合适的韵律和节奏

来体现仪式感。重大活动本身都有非常严谨规范的流程，所有环节和场面都经过精心的论证和策划准备，因此在策划直播时，要特别注重深刻理解活动的寓意和细节，每一个细节想表达什么意图，组合起来想表达什么含义，都要在策划中有相应的体现。这些意图是通过或宏大、或细腻、或舒缓、或急促的镜头来表现的，在画面设计、镜头长短、成组镜头的切换、镜头的取舍等方面，要策划出韵律和节奏感来，让观众跟随设计好的节奏和韵律，感受到活动主办方和直播团队在不同环节想要表达的不同情绪。而这种韵律和节奏感，最终是为了突出和保持整体活动的仪式感，使观众能完整又有重点地观看全程。

要根据内容确定技术需求。在直播内容和基本节奏确定后，分系统导演就可以根据已确定要呈现的内容，提出改装设备、完善机位布局等方面的具体需求，这些需求要尽早提出，一开始可以提得尽量面面俱到，以便给后续技术部门的调整留出空间。分系统导演、调机导播、切换导演对于完成节目内容策划需要哪些技术条件要了然于胸，尤其对于需要重点展现的华彩篇章和重点镜头，更要提前将每个技术细节策划到位，这样策划方案才能落到实处，而不是空中楼阁。

要想好如何处理未能呈现的部分。当导演脑中有了直播的韵律、节奏后，就面临着时间线上同时存在的各种内容的取舍问题。当导演认定这一组镜头更能体现创作意图时，并不代表其余机位在同一时间拍摄的内容没有价值。相反，一个完善的分系统策划方案，在形成镜头脚本的同时，也不能忘了未能进入镜头脚本的内容，确实无法做到同步直播的，或者因为空间原因无法实现直播的内容，要提前提出直播建议和解决方案。把方方面面的镜头在同一时间呈现出的内容全部吃透，也有利于导演在后续工作中不断完善镜头呈现，在这个过程中，往往也能给一些看似用不上的镜头找到合适的位置。

二、艺术呈现能力

导播台上的分系统导演要具备良好的艺术素养和画面节奏掌控技巧。在直播节目中，不只是完成内容组织方的意图，更要对节目进行二次创作。一名优秀的电视导演要有活跃的思维，导播台对画面的切换是在完成整体节目构架的基础上，对节目透彻理解和艺术创作后呈现的结果。每个镜头的质量是决定镜头时长的关键，每个镜头的时长要保证既能准确展现出节目内容，又能让观众看到精彩的画面，镜头的节奏感在直播节目中更能体现出导播台三人配合的业务能力水平。

三、手段创新和应对突发状况的能力

电视节目直播是一个动态过程，存在着很多未知因素，分系统导演、调机导播、切换导演三人需要掌握一些应急技巧，做反应机敏的直播操作配合。在节目直播过程中，三人承担着非常大的精神压力，一方面要确保节目各个环节按照流程单依次推进，另一方面又要在有限的时间内让节目更精彩，还要随时做好应对突发事件的准备。因此，导播台上的三个岗位一定要冷静镇定，处变不惊。比如，在重大活动直播节目中，若记者现场连线时通信设备失灵，此时无法与现场记者对话，这就需要分系统导演当机立断，下指令给切换导演，将画面切到下一环节、播放备片等，给技术人员留出时间排除故障。有时，还有一些极端的情况出现，比如播片顺序不对、在线播字幕出错等，这时都需要保持头脑清醒，及时根据情况做相应处理。所以说，导播台上的"三剑客"要有强大的心理素质，突发状况出现时，要有最实用的应急方案。

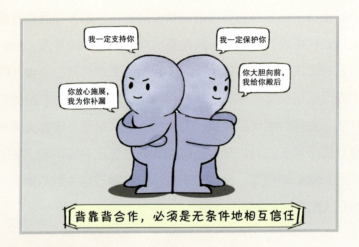

四、决断取舍能力

在紧张繁忙的直播过程中，切换导演必须做到眼观六路、耳听八方，保持眼、耳、手、口的密切配合，精力高度集中。眼睛需要频繁扫描多个监视器，耳朵配合监听节目声音和实时的工作动态，随时听着调机导播根据现场情况对摄像人员和机位进行调度，听着分系统导演根据现场情况给出的最好方案，最终来选择和切出画面。选择画面是分系统导演和调机导播对各个视频内容权衡后的结果，导播间内由多个监视器组合而成的电视墙，包含了各摄像机位的实时画面、硬盘放像机视频画面、外来信号画面、电脑 VGA 画面、在线包装图文画面等。分系统导演和调机导播必须时刻关注正在播出画面的主监和呈现即将播出画面的预监。通过检查预监画面，及时发现节目的失误，从而进行补救。

多屏观察的能力在重大活动直播节目中尤其重要，不同信号的选择和高质量的画面衔接更是体现了分系统导演敏锐的判断选择能力、精准掌控时间的能力。考验导播台"三剑客"业务素养的一个重要标准就是能否将节目时间掌控好。相对于录播而言，电视直播与之最大的区别就在于它"一次成型"，没法停帧和重来。直播中，因为现场不可控因素造成某一段落超时等情况出现时，三人组必须具备精准的时间意识，对节目进行及时调整。导致节目时长不准确的因素多种多样，在掌握整体播出流程的基础上，要控制好节目的开始和结束时间，直播开始前 10 分钟要提示各岗位人员准备；节目快结束时，要做倒计时提醒。精确掌控时间，要有精确到秒的计算能力，才能更好地把控节目播出质量。

五、统筹协调能力

直播工作量大且内容复杂，每次直播都是一次规模不等的团队作战，由多个部门协同完成，涉及的工作人员少则十余人，多则几十人甚至上百人。在直播前的准备阶段，分系统导演就要确认节目串联单，了解各个工种要做的工作，他们有什么困难和问题，准备预备方案。分系统导演要组织各个岗位人员，对主持人、编辑、摄像、技术保障等人员尽量全面详细地讲述流程及要求。因此，在一体化现场制作中，分系统导演成为节目在内容层面和效果层面的实际掌控者，也是确保节目万无一失的关键人物。在直播过程中，分系统导演要有气场，下达指令要声音洪亮，要使用专业、清晰、明确的指挥口令，使全体直播人员听清指令，集中注意力。分系统导演的权威性是绝对的，要让各个工种快速、准确地执行指令。工作的协同性主要来源于团队的不断磨合、分系统导演自身的业务水平和集体的凝聚力。

■ ■ ■

关键词 2：规范口令

在重大活动直播过程中，口令必须是一致的。大家要在统一的语境下说一件事情；要在统一的图上标注概念，也可以说就是在一个沙盘上打仗。

口令必须简洁规范，不要附加太多无关信息，给收听口令增添负担。在导播间里，导播既要听节目声，又要看现场，还要思考机位，这个时候如果口令不清晰是致命的，会让导演分心。

2.4 协调沟通岗位不可或缺

　　根据这几年重大活动电视新闻直播的经验，直播团队组建时，新设置了一个和活动主办方沟通协调的岗位，这个看似不起眼的岗位已被证明是直播团队中必不可少的，这也是在直播实践中不断摸索出的结果，因为重大直播活动中与各方的协调和沟通实在是太重要了。

所有的直播内容和镜头设计、特殊效果的要求，会涉及特种设备等各类高端装备的进场、安装、调试、使用等等各种需求，这些需求不经过多次磨合，绝不可能在直播中一次成功，必须反复不断地演练。

演练就难免涉及与各个部门打交道，如果在沟通协调环节上出了问题，那演练是不可能成功的，而如果演练都不能实现，那就更无法想象在直播当天的呈现效果了。所以每次组建直播团队时，必须找到沟通协调能力极强的人，由他们来做总协调人，解决各系统、各工种遇到的各类问题，这个岗位不可或缺。

重大活动电视新闻直播团队中除了以上这些岗位外，还有一些岗位，承担下列工作，包括分镜头脚本的制作、仿真系统的制作、解说词的撰稿、音乐编辑、视频剪辑和包装设计等。

这个团队是临时组建的，并不是专职做重大活动直播的，而是从日常的播出线、技术一线抽调出来的专业人士。他们在日常电视工作中都有各自的岗位，有着吃苦耐劳的优良作风、丰富的经验、扎实的功底。在日常工作之余，他们踏实钻研重大活动直播的岗位规律，十年磨一剑，才能胜任这样的大型任务。

整个团队组建中，很重要的一点，就是作为节目内容的系统总导演，要知道如何用技术去实现内容和镜头设计，而作为技术系统切换导演，要发挥常年在一线盯新闻直播的长处，知道节目内容的意图，这样就可以很好地实现新技术与直播节目的结合。

就好比说，一个内容编导，他擅长讲故事，而技术切换导演擅长通过适配的技术手段实现内容编导要讲的故事。所以，从最开始的策划阶段，技术系统就应该介入直播团队中，只有技术系统听懂节目，才能够知道技术手段如何应用进去、应用到哪一部分。在一些关键直播难点，技术系统可以分担总导演的压力，发挥自身优势，与各方有效沟通，出主意、想办法，形成强强联合的组合体，这也是直播团队成功组建的基础。

　　直播团队组建完成后，各系统再根据各自的计划去演练，然后再合练，分分合合，至少经过数十次不断的碰撞，才能形成一个精彩的典礼式电视新闻直播节目。

　　在重大活动直播总导演团队中还有一个总导演助理的岗位，其职能就是提示时间点，即什么时间点该是哪一个动作，由这个人来提示导播。

　　提示点太重要了，比如，在飞机方阵进行检阅时，大家的主要视线都会被当前方阵所吸引，不管是导播还是观众，都会把关注点放在这方面。那么这个时候，提示点的工作人员就要依托镜头本提示导播下个梯队过来的时间点，以便顺利完成将下一个方阵切出的动作。

　　飞行表演方阵最容易出现不按本子走的情况，尤其在直播当天，是人就会紧张，但是心里的节奏不能变，这个时候的提示点就是团队的定心丸。当提示点提示下一个方阵飞过来时，上一个方阵有再好看的镜头也要舍弃，要以主时间线为主，不能破坏了后面的节奏。

提示点的工作还有很多小例子可以举。比如，"国庆 70 周年"庆典直播的时候，直播的解说词与每一个方阵是一一对应的，每一段的镜头需要哪个系统来做支撑，包括解说词大概多长可以读完，都需要提示岗做出计算和预案，以便后面的镜头可以得到相对准确的拍摄时间，类似于"消息树"。所以说，提示点的岗位就是直播切换过程中的"标准时钟"。

关键词 3：提示点计时

　　计算直播时间有一个方法，就是在整个流程中去找相对不变的点或者步骤，依照它去校对直播的时间线，意思是到这个点就必须切换，这是不能变的。比如说国旗护卫队走多少步是相对固定的，通过固定的信息就可以判断接下来的时间点。

　　直播团队的顺利组建是整个直播能够展开的前提和基础。

　　其中不得不提的，就是贯穿整个直播全过程，直播团队始终必须具有红线意识，这是决定直播能否安全播出的关键。

⬢　　"建党百年"直播分系统时政团队导播间

关键词 4：红线意识

涉及重大活动直播报道，直播团队要严格恪守各项纪律。根据以往经验，一般直播系统很早就会进行演练，从一开始介入到最终正式直播，整个全流程全阶段，都要做到严格保密，确保工作如行云流水、万无一失。

高光时刻
HIGHLIGHT
MOMENTS

3

头脑风暴
直播策划的章法

重大活动电视直播的成功离不开高水准的节目方案，需要在前期做好科学、合理的策划，确定策划目标、选定策划内容、实施策划方案。重大活动电视直播策划不仅要找准节目的主题定位，更要借助活动的独家信息素材，在技术方案、内容方案等多方面进行创新。

3.1 策划第一步：去现场"踩点"

直播团队组建完成之后，整个直播工作开始，第一步就是要深入直播的现场，实地进行"踩点"，掌握了解第一手的现场情况，为后续开展直播的各项工作筑牢基础，做好准备。

"踩点"一来是落实工作细节，二来是减少节目制作阶段的盲目性，提高效率，降低直播风险。可以说，"踩点"工作奠定了一场直播报道能否成功的基础。在"踩点"过程中，导演除了需要确定节目的内容之外，还需要落实各种细节问题，如场地是否具备条件停放转播车辆，是否有限高问题导致车辆无法通过，是否存在路面承重问题，电力供应是否稳定，是否存在无线电频率干扰，食宿配套是否利于转场等，上述所有细节最终都会直接影响现场直播报道的每个环节，因此绝对不容忽视。前期"踩点"要重视的还不仅仅是上述可见的内容，更重要的是，导演要跟直播内容及场地建立一种内在的联系，注入情感，根据现场的客观条件设计直播进程中的镜头语言，为更好的直播效果奠定基础。

关键词 5：洋葱工作法

接到重大活动直播任务，一开始就好比看到了一个完整的洋葱，需要随着策划、预演一层一层往里剥。每一层都要认真剥，才能够剥到最后一层。这个过程也是对整个直播流程的"内化"，最后"内化"到大家都烂熟于心。死记硬背流程的直播，其效果不是最好的。

洋葱，可不光是做饭时能用上

听说你创造了个"洋葱"工作则啊？

真牛啊，细节的分解已经登峰造极了

啊！这您都知道了啊！就是把每部分工作一层一层往里剥，层层分解

"踩点"技巧

看现场环境   和主办方沟通   设计关键镜头

一、看现场环境

仔细查看现场可拍摄内容，列出和直播可能相关的关键场景；查看有无噪声，现场场景建筑搭建情况或干扰信号传输等各种影响因素；查看各种直播用车或人员场地安排；查看直播中是否有动力或重型车等特殊需求，需要主办方提前配合。

二、和活动主办方沟通

充分和主办方沟通交流活动流程等内容，不放过任何线索，从谈话中获得直播节目新的启发和灵感，也避免节目定位和活动主办方意图有偏差。

三、初步设计关键镜头

大致列出各场景中必须要拍摄的镜头，同时设计出与众不同的经典、有趣的镜头，尤其是能表达事物动态、事物发生变化一刻的最精彩的镜头。

直播笔记
"踩点"

现场直播前，导演应先期前往直播可能涉及的场地实地考察并确定直播可能涉及的内容，同时全面了解场地技术系统搭建具备的条件，如转播车、卫星车等技术车辆工作位置、电力保障、线缆路径、信号传输保障、安保、交通等等各方面。这是对活动场地进行实地勘查的重要一步，主要是充分挖掘新闻现场诸要素的可行性与执行力。

3.2 策划第二步：定位

重大活动电视新闻直播的策划与普通节目策划既有共同点，更有自己独有的工作特性，其中最主要的不同点在于重大活动的直播需要在策划阶段做好定位和创作团队观点的展示。

重大活动直播不能只将其定位为一场仪式活动的直播，而是要认识到这是用直播的镜头语言记录和书写一段历史。定位的另一层意思是精准理解活动的主题，直播团队还要尽早和主办方建立联系，密切沟通，形成一个整体，站在主办方的角度去思考这场活动应该如何展现得更精彩。

每一场重大活动的主题是不一样的，比如说每年9月30日向人民英雄纪念碑敬献花篮，主题是向革命英烈致敬。这些活动在直播创作时不能一上来就去考虑架设多少机位，而是首先要思考这场活动的意义。就像新中国成立50周年、60周年、70周年国庆庆典的内涵和表达的主旨，要结合当年的情况来设计直播要表达和突出的内容。

每年9月30日都要直播向人民英雄纪念碑敬献花篮，但2020年新冠疫情暴发，很多平凡的英雄都在为这场无硝烟的战争做着自己的贡献，当年9月初，全国抗疫表彰大会隆重举行，那么这一年的这场敬献花篮的直播应有什么特殊安排？在和北京市活动主办方沟通后，直播团队发现，这一年活动的新变化就是有为国家抗疫、扑灭山火等事件做出突出贡献的人民群体来到现场。那么在直播创作中，设计镜头就要把他们这个荣誉方阵展现出来，这就是2020年敬献花篮直播与众不同的地方。

国家重大活动一般都会提前规划，做直播时基本上都会遇到主题先行，也就是定位。在这个主题之下，接下来的直播创作就是构思整个典礼活动、考虑直播系统的设置，再确定用哪些处理手法去表现主题，包括整个的镜头风格、直播的效果。同时情感的表达也要始终贯穿于重大活动电视新闻直播的全过程，通过身临其境的镜头组接、声音还真等手段，在记录展示重大活动的基础上，引发人们强烈的思想和情感共鸣，从而通过直播的方式展现国家重大活动的宏大主题。

🔺 烈士纪念日摄影师在直播拍摄向人民英雄敬献花篮仪式

🔺 用伸缩摇臂和移动双头轨等设备演练创作经典镜头

也就是说，定位之后，直播中主题呈现的过程要完成两个层次的工作内容：第一是叙事，先把重大活动通过直播镜头说清楚；第二是共情，就是在叙事的基础之上，把观众的情绪调动起来，激发情感认同、思想认同，让直播得到升华。通过直播重大活动让观众感受到视觉上的震撼冲击，然后再激发观众共同的情感，这是一个从主题向下纵贯的过程；然后再把活动分解成几个版块，考虑每个版块怎么做，确定既定的目标之后，再分解任务，包括用多少人、用什么样的设备，能够表现这种特定的场景或者特定的情感。叙事和共情既要紧密完美结合，叙事中的每一个元素都要考虑到共情；同时，叙事和共情也要考虑把握好平衡度，叙事是基础，共情是在叙事清楚且安全的基础上进行的。

在人民大会堂授勋仪式直播中，就有叙事和共情关系的思考：获勋者乘坐的车辆从长安街通过时，沿路的警察应该是一种什么样的状态？机位应该如何布置？当时经过反复讨论，大家一致认为这些即将获得勋章的功臣也有普通人的情感，从长安街一路乘车走过肯定是心潮澎湃，所以直播既要表现出他们这种激动的心情，还要表现出国家对于做出重大贡献者的最高致敬，最后直播中设计了长安街沿线警察敬礼的镜头，还有摩托车仪仗队从木樨地桥一点一点露头出来，配合摩托车的轰鸣声这些元素，最终达到了讲清楚事件、烘托了气氛、引起了共鸣的直播效果。

长安街沿线警察敬礼

⬤　长安街沿线警察向获勋者乘坐的车辆敬礼

关键词6：直播要展示观点

重大活动直播不仅仅只是通过画面和声音的直播展现活动本身的环节、流程，而是要通过直播中的镜头设计、画面语言展示直播创作团队的观点。

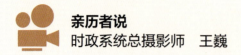

亲历者说
时政系统总摄影师　王巍

　　展示观点是重大活动直播必须思考的，必须在有观点的前提下去设计直播镜头。以往我们就是以大活动的流程为主，到什么环节就做什么，这是一个线性的过程。后来我们觉得如果仅仅是这样，只是一直在转播，展现了一个活动，那么我们电视台的观点在哪里？我们在现场传达第一手信息的时候，能不能通过直播的形式，加上我们创作者的观点，来丰富直播的内涵？于是我们在每年 9 月 30 号"向人民英雄纪念碑敬献花篮仪式直播"开始了有益的探讨。在仪式进程中，当礼兵按照节拍行进的时候，我们尝试将人民英雄纪念碑的浮雕镜头切进去。通过设计，从鸦片战争浮雕开始，一幅幅浮雕画面有节奏地穿插在礼兵行进的仪式过程中，将过去和现在反复对比、画面不断变化，这样主观性就非常强了，能让人感受到百年来中国共产党百折不挠、艰难前行，人民军队历经艰辛、奋勇行进，才有了今日的盛世。这样的设计不仅完成了典礼本身的直播呈现，而且明确强调直播的创作意图，有了平行蒙太奇的意味，使整个直播有了观点、有了灵魂，我们观点的表达就完成了。

礼兵行进穿插浮雕画面

　　电视直播的长项就是可以通过一组画面来阐释一个暗示、产生一个心理引导作用，所以我们慢慢放大这个观点表达的心理作用，在电视直播中达到了很好的效果。

 礼兵行进中，切入人民英雄纪念碑浮雕镜头

直播笔记
直播中的主题呈现

直播中的主题呈现要完成两个层次的工作内容：第一是叙事，先把重大活动通过直播镜头说清楚。第二是共情，就是在叙事的基础之上，把观众的情绪调动起来，激发情感认同、思想认同，让直播得到升华。叙事和共情既要紧密完美结合，叙事中的每一个元素都要考虑到共情；同时，叙事和共情也要考虑把握好平衡度，叙事是基础，共情是在叙事清楚且安全的基础上进行的。

3.3 策划第三步：写文案

重大活动直播的策划文案千头万绪，面临的第一个难点就是不能像一般直播那样只是呈现一个现场，而是要思考如何诠释和处理直播背后的宏大主题。

重大活动电视直播策划首先必须是建立在真正的、实实在在的、即将发生的重大新闻事件的基础上，这是确定重大活动直播报道的前提。其次，每一类题材都有引人入胜的视觉表现过程和牵动人心的兴奋点，这是确定用"直播"这种叙述方式的必要条件。

另外，它与国家事务关系重大或者与受众生活密切相关，这是保证直播报道收视率的必要条件。但无论是典礼式新闻直播还是事件性新闻直播，都需要在直播前对整个直播系统和报道过程进行很好的策划，这样才能打好安全播出和精彩报道的基础。

策划文案要体现出直播的韵律和节奏感、技术需求、直播难点呈现手段和背景资料等多个方面：

其一，策划出直播的韵律和节奏感。仪式感需要节奏和变化，一场活动、一场直播，不可能从头到尾保持一种情绪、一个节奏，必然要根据活动的性质主题和不同环节，设计出合适的韵律和节奏，来体现仪式感。

其二，根据内容确定技术需求。在直播内容和基本节奏确定后，分系统导演就可以根据已确定要呈现的内容，提出改装设备、完善机位布局等方面的具体需求。

其三，想好如何处理未能呈现的部分。确实无法做到同步直播的，或者因为空间原因无法实现直播的内容，要提前提出直播建议和解决方案。把方方面面的镜头在同一时间呈现的内容全部吃透，也有利于导演在后续工作中不断完善镜头呈现，在这个过程中，往往也能给一些看似用不出去的镜头找到合适的位置。

其四，增加背景资料和新闻评论。重大活动电视新闻直播报道中的背景材料能够揭示新闻事件的内在原因和深层意义，加深受众的理解。很多时候，受众探求隐藏在新闻事件背后的原因的兴趣，甚至超过了新闻事件本身。在重大活动电视直播中，观众可能不了解某些环节的新闻背景，不熟悉事件中的专业知识，媒体可增加对事件的解释，增强直播的深度和思辨性。

策划文案要点

直播节目的主题主线构思。

直播节目中所需要的足够多的各方面材料。

直播节目想要呈现给受众的效果，以及和受众之间的互动联系。

直播节目中需要协调的各种事宜。

直播节目中可能忽略的东西。

关键词 7：拆解环节

诠释直播主题关键的第一步，就是要把一个大主题进行拆解，化整为零，分拆成一个个既有联系又有区隔的段落篇章，不仅要对内容进行拆解，同时还要对系统和镜头进行拆解。

高光时刻

HIGHLIGHT
MOMENTS

4

搭建系统
直播系统的集成

　　"系统"是根据直播需求关系进行技术设备配置而形成的一种固定关系，包括视音频信号汇集和选取、通信、传输、动力系统等等，整个直播都是在"系统"这一固定关系的贯穿和作用之中运作和实现的。

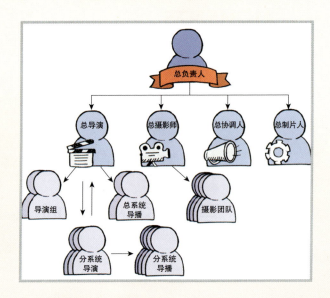

　　技术部门根据现场机位的分布情况，配备相应的技术实现方案与设备，并根据各部分配置的设备及节目制作的规模，将各部分设备联成满足全部需求关系的技术体系。

在电视新闻直播中，根据直播规模和机位的设置，系统又分为单一系统和多级系统两种形式。单一系统形式相对简单，多级系统形式较为复杂，分为总系统和分系统，由一级切换、二级切换甚至三级切换组成，重大活动直播一般都采用多级系统。

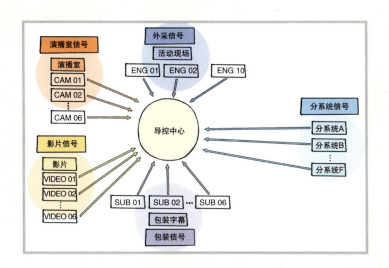

直播"系统"是根据直播需求关系进行技术设备配置而形成的一种固定关系，包括视音频信号汇集和选取、通信、传输、动力系统等等，整个直播都是在"系统"这一固定关系的贯穿和作用之中运作和实现的。在电视新闻直播中，根据直播规模和机位的设置，系统又分为单一系统和多级系统两种形式。单一系统形式相对简单，多级系统形式较为复杂，分为总系统和分系统，由一级切换、二级切换甚至三级切换组成，重大活动直播一般采用多级系统。

4.1 科学搭建系统：分清层次，理清脉络

直播系统的搭建是重大活动电视新闻直播最关键的一环，要根据直播内容、直播场地、所用技术设备进行设计，包括总系统和分系统的比例、各系统机位布局，等等。充分运用新技术手段，科学搭建直播系统，才能实现技术加艺术的最佳直播效果。不同的直播内容和场地条件要有不同的系统搭建方案，搭建系统最主要的原则就是分清层次，理清脉络。

2018 年 4 月 12 日，中央军委在南海海域隆重举行海上阅兵式。本次海上阅兵虽未做直播，但中央电视台是按照重大电视新闻直播来搭建系统和进行拍摄的。当时根据海上报道特点，搭建了一主、一分两套系统。在这场海上阅兵直播中，分列式、发表重要讲话和察看舰载机起飞是三个核心环节。由于海上不能转场，导演组根据三个环节的特点，搭建了统一的

系统。在检阅舰上设立主系统，集成所有信号；在辽宁舰上设立分系统，在各个作战群和部分空中梯队上设置了单点机位。两架航拍直升机给予高点支撑：一架相对静止，悬停在检阅舰右后侧，高位拍摄检阅舰全景；另一架通场航拍整个舰队航行的画面。两个高空全景机位互为补充，空中全景一览无余。南海阅兵报道还充分使用了陀螺仪高倍摄像机，通过压缩景深，将远处的舰队拉近至同一画框内，形成排山倒海的气势。此外，还在我国最新型战略核潜艇艇首、舰载机起落架、航母驾驶舱最前端，以及战舰的旋转式雷达架上安装了无人值守的微型摄像机。这些机位的设置还要兼顾海军各型战舰、战机及舰队、兵种的平衡。这样安排的结果是拍摄到了许多特殊视角的画面，巧妙地起到了渲染的作用。

▲ 各系统呈现一组特殊视角的画面

　　直播系统既做到了全景展现，又做到了重点突出。一是从空中到海上、从高点到低位，从不同角度展现雄壮的军威，同时也通过机位的变化和镜头的切换，展现不同作战群和空中梯队各自的特质。二是使用全景与特写互切、运动方向对冲的两极镜头组接，强化视觉冲击力。三是拾音考究，这次阅兵现场声音繁多，除了领导人的问候和讲话、官兵敬礼应答外，还有检阅进行曲、现场解说、哨声、海浪声和马达轰鸣声，等等。导演组精心设计声音拾取方案，确保讲话声音清晰洪亮；在一些特殊位置放置拾音话筒，收取感染力强的现场声。例如，配合检阅舰劈波斩浪急速前进的特写，在检阅舰舰首两侧放置话筒，拾取舰艇乘风破浪的声音，有力地增强了艺术效果。

4.2 巧用特种设备：视角独特，重点突出

搭建系统仅仅依靠以往经验是不够的，每次的重大活动都有许多新的变化，有新元素需要表现，既要保障直播的安全顺畅，又要做到出新出彩。要追求"世界一流，历史最好"，就必须突破常规，运用新技术设备表现出独特性。

在"国庆70周年"直播中，就采用了航拍直升机、伸缩臂、索道摄像机、移动拍摄车等多种特种设备，搭建了中国电视史上最大的直播系统，包括1个总系统、6个分系统共91个机位，以及34个微型摄像机，加上当晚广场联欢直播的70多个专用机位，全方位、多角度、地空全覆盖地表现各支受阅方队，成为中国电视史上规模最大、投入最多、设备最先进、技术最复杂的一个直播系统，并首次实现全流程、全要素4K + 5G超高清直播，在电视端、新媒体端同步推出，刷新了多项纪录。

中央广播电视总台采用了多重系统划分方式，直播系统由一个总系统和A、B、C、D、E、F六个分系统构成。其中A、B、C、D四个系统是实体系统，是制作的核心；F系统特殊设备拍摄的镜头送到A系统、总系统里进行切换，而E系统则由直升机及高点机位构成，在系统之间穿插一些过渡镜头。为了提高转播效率，现场采用了分布式的分级接环，六大系统分导演在各分系统内先切换，切好的信号传输到总台800米演播室的总系统，由总导演再进行信号切换总成。

根据活动覆盖区域及节目流程，直播现场6个分系统共设置125个4K和8K机位、5个5G + 4K传输机位。直播共使用3辆4K超高清转播车、1套4K超高清EFP[1]、2套4K小型切换系统、32套4K特种设备和

---

[1] EFP，即电子现场制作（Electronic Field Production），它是以一整套设备连结为一个拍摄和编辑系统，进行现场拍摄和现场编辑的节目生产方式。

2 架直升机航拍；使用 5 套 4K 固定微波、32 套 4K 移动微波传输设备，还在受阅装备上安装了 57 套 4K 特种角度微型摄像头。

现场音频还架设了 200 多只话筒，实现了 4K 全系统全流程制作和 5.1 环绕声制作。

而在 2021 年的"建党百年"直播中，设计的是 1 个总系统加 4 个分系统。总系统就是做好服务，做好衔接，做好结构。总系统其实自己没有更多的创作空间，因为它没有机位，并没有任何 1 个机位在为总系统单独服务。在 4 个分系统中，包括航拍和飞行表演、气球、鸽子、飞机上架设特殊视角等特种机位，一共是 86 个机位，这其中很多就是依照恰当使用、视角独特、重点突出的原则去布置的特殊视角的机位，构成了"建党百年"的直播系统架构。

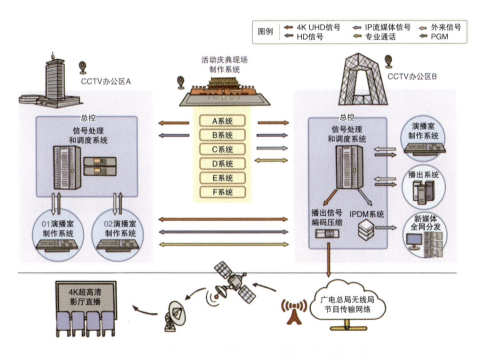

🔺 **4K 超高清电视转播及全媒体传播系统总图**

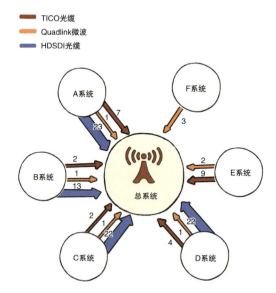

现场转播系统、台内主系统间传输示意图

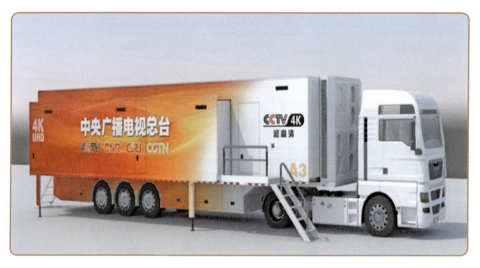

4K 超高清转播车

4.3 创新系统构成：确保系统稳定

直播系统的搭建虽然根据内容和场地有所差别，但确保直播系统稳定是搭建直播系统的最重要准则，尤其是面对复杂多变的直播环境更是不能掉以轻心，必须创新系统构成。在"朱日和阅兵"直播中，直播团队力求以最佳角度、最佳构图、最佳时机展示我军雄浑豪迈、英姿勃发的军容军魂。直播范围包括长 3 000 多米、宽 2 000 多米的空间，以及空中和武器装备。根据活动覆盖区域及节目流程，现场转播系统由 4 个分系统组成，分别为 M、A、D、F 系统，设置 55 个机位，使用 2 辆高清转播车、1 套高清 EFP、17 套微波传输设备以及直升机航拍、三维索道万向鹰眼、天鹰座索道、超长悬臂和大跨度陀螺减震拍摄装置、微型特种改装摄像头等多类型特种设备。

在"朱日和阅兵"电视直播中，微波传送作为现场关键的、唯一的移动信号传输方式应用在各个分系统中的多个机位传输上，其中包括 D 系统跟随首长阅兵的新闻采访车机位的微波移动传输；F 系统受阅装备（地面和空中装备）特殊角度机位的安装及直播信号传输；A 系统两个敬礼线附近贴地微型摄像头拍摄实现；M 系统空中直升机航拍信号的微波传输、退场区大全景机位的微波传输及机降区贴地微型摄像头的拍摄实现。现场直播使用大量微波传输设备，实现了天空地面全程覆盖、特殊角度镜头丰富呈现，提供了多层次、多角度、全方位、高质量的画面效果。

"朱日和阅兵"电视直播是一项技术庞杂的系统工程，投入设备量大、参与人员多、技术要求复杂。在分列式行进中，以远近交错、角度恰当、景别适度、正面纵深、跟踪移动、航拍全景等镜头呈现出分列式排山倒海的宏大气势。敬礼线附近的贴地小摄像机和在阅兵道地下埋设的微型镜头，配合空中三维索道摄像机，以高低有别、俯仰结合、组接有序的镜

头，呈现先进的陆海空装备所显示出的强军新气象。阅兵直播充分展现了
受阅将士征尘未洗、连续作战的战斗姿态，生动表现了真打实练的实战环
境，有效突出了铁流滚滚、风尘仆仆的战场氛围。

朱日和综合基地属于半沙漠地质，严重缺水，且风沙大，瞬间风力可
达十几级，这也是中央广播电视总台首次在这种大漠戈壁上搭建庞大、复
杂的直播系统：一是在大漠戈壁上开沟挖壕、埋管铺线，在一无所有的荒
漠戈壁上搭建了完善的直播系统；二是实现了特殊环境下的系统稳定性，
在长 3 000 多米、宽 2 000 多米的范围内，以及空中和武器装备上，直播
团队设计了一个主系统加三个分系统，46 个地面机位、11 个装备机位组
成的二级切换直播系统，通过创新系统构成方式，确保系统的稳定性。直
播报道团队克服巨大的困难，确保了系统稳定、万无一失，为全球提供了
国际一流水准的公共直播信号。

❂　　**建军 90 周年朱日和阅兵**

关键词 8：总系统就是写目录

　　总系统的职责就是写好直播的目录，这个目录分很多章节，每一个章节对应一个分系统。分系统展开工作也就是在拿到总系统的目录后，再去创作自己的部分，大家形成一体化设计。

有了直播的总目录后，总系统还要做好勾连，把章节与章节之间的转场和连接做好，让直播可以一环扣一环地进行下去，给观众以代入感。总系统还要做好取舍，有的时候同一时间点会有几个很好看的镜头同时出现，但是播出通道只可以选择一个镜头，播出这个镜头了，其他镜头就无法使用了。总系统要整体考虑做决定，各分系统必须无条件地严格服从总系统的决定。

直播中的总系统最主要的一个功能是把所有的分系统串联、统合在一起，然后弥补各分系统的不足。可以把总系统看作一个交响乐团的总指挥棒，各分系统相当于乐团里的管乐、弦乐等声部，各个声部是实现合奏的重要组成部分，而一首和谐的交响乐不能有任何杂音，最终需要一个总指挥棒来奏响。

分系统必须服从和服务于总系统。在直播前期的演练阶段，可以容忍内容、机位、镜头、设备等方面各种各样的创意和想法，允许大家海阔天空地想，允许大胆地去尝试，但在最终直播倒计时三次合练的时候，就得按照固定的脚本来做，必须以总系统为统领，不允许再有任何其他的想法，除非是涉及极其特殊的情况。总系统要起到一锤定音的作用，比如说如果有意外发生或者分系统有神来之笔，分系统必须请示总系统，因为虽然分系统觉得很重要，但因为是临时想法，需要占用镜头分配的总时间，这样会影响到别的镜头，所以需要总系统来协调并最终敲定。

"国庆70周年"直播的时候，总系统与分系统导演之间就产生过分歧。当时一个分系统导演准备了好几个非常好的5G传输镜

头，但是因为时间原因，总系统导演总体考虑后没有切出这几个镜头。如果这些镜头能播放出来是非常不错的，可以使直播细节呈现更丰富，但在直播中必须以整体大局为重，不能为了一些局部的创新去牺牲总体的精彩，那样"根"都没了。道理讲清楚之后大家也都理解，从这里也能充分看出总系统在整体直播中的统领作用。

在"建党百年"直播中，总系统的任务是搭好结构、把握节奏、做好衔接；城楼的 A 系统集中精力出好时政镜头；广场的 B 系统围绕广场丰富的元素和程序做大文章，展示仪式过程的精彩，烘托节日气氛的热烈，突出重点展现党徽、年份标志、旗阵等元素；C 系统和 D 系统主要做好开篇和飞行表演的精彩呈现，更立体地展现天安门广场"巨轮起航"乘风破浪、扬帆远航的设计理念。总系统和分系统分工明确、重点突出，让直播公共信号的结构更清晰，段落衔接更明确。

总系统还要做"前言""编后"。所谓前言，就是精心设计开场，考虑如何把第一章带出来。开场是用小片？还是镜头 + 叠化？还是用飞机带入？飞机又从哪个角度带入最好？这就是前言要怎么写的问题，第一个镜头、第一组镜头的设计构成了前言。编后也是，当整个典礼仪式结束时，直播的镜头不能也跟着马上结束，不管是大景还是鸽子、气球，直播镜头的设计要一环一环慢慢地结束。

关键词 9："抹缝"

总系统导演要负责直播系统的总体集成，在发挥协调作用的同时，通常还要起到一个"抹缝"的作用，也就是将各系统呈现镜头最终无缝衔接、完美构成。在突发状况下，"抹缝"也意味着应当承担起紧急补救的任务。

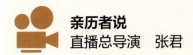

　　总系统和分系统之间，各分系统之间应协调好上下游及平行系统之间的关系。各系统各环节在直播中的组合和切换一定要理智，否则很容易出现镜头相互打架的"双眼皮"。

　　重大活动典礼性的直播要保持理性，要有大局意识，服从于安全播出，服从于屏幕最后的呈现效果。不管在哪个位置跨系统插入镜头，都应有事先的设计安排，且应事先安排妥当各种预案，尽量避免直播中的临时性创作。一个总系统，若干个分系统，上百个机位，1 000多个镜头，新闻事件都是按分按秒发生的，不可能容许有那么多的临时性创作。此外，分系统之间的交接，以及分系统返回总系统，大家要建立一个经过细节磨合后的规矩，最终执行时按照分镜头脚本走，没有特殊情况尽量不脱离脚本，因为大系统直播毕竟不是一个人一个台子的事，严格地按照确定的分镜头脚本进行，就不会出现各系统脱节、衔接不畅、镜头打架，甚至影响新闻事件表达完整性的问题。

　　当然，新闻事件发生发展的不确定性决定了直播的不确定性，这是对直播安全性的挑战，但也恰恰是新闻直播的魅力所在，及时捕捉临时插播在所难免。这就需要团队经过演练磨合达成默契，并遵守事先制定的预案及规矩原则进行操作。

高光时刻
**HIGHLIGHT
MOMENTS**

5 脚本设计
直播分镜的创新

　　分镜头脚本是导演创作思路、理念的画面体现。重大活动电视新闻的现场直播，除了突发性的新闻直播无法事先准备脚本以外，一般都应在直播前做好分镜头脚本。

5.1 分镜头脚本的设计要点

　　为了精准地切换每一个直播画面，重大活动直播更需要专业的分镜头脚本。分镜头脚本是直播的初步展示和构思，也是团队工作人员主要的操作手册。总导演团队成员、各分系统现场导演、记者、摄影师等要一起在前期现场"踩点"的基础上，根据重大活动特点设计镜头、取景，明确摄像机定位，为分镜头脚本做足准备。例如，"国庆 70 周年"庆典直播团队，在七个月的筹备中，反复现场勘查，形成了 1 500 多个直播分镜头。

　　重大活动电视新闻直播的分镜头脚本大体有三方面内容：一是活动的顺序，二是镜头的创意序列，三是解说词和画面镜头描述、镜头操作要求。只有把脚本中的内容分发到每个参加现场直播的人员手中，让他们知道直播的全过程包括哪些内容、自己在这次直播中应负的责任，直播才能按照计划进行。脚本是一份作战方案，也是一份拍摄提纲。只有各个岗位的人对脚本了如指掌，在现场才能配合默契。脚本一般由直播导演团队负责，再送各个系统讨论补充，不断完善。

"国庆 70 周年" 阅兵直播分镜头脚本节选

开始时间： 画面内容：

9:56:00 AM　广场全景向天安门城楼移动拍摄

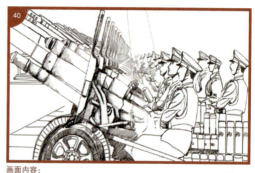

画面内容：

礼炮手推入炮弹

5"

画面内容：　　　　　　　　　　　　　　　　　4"

礼炮手鸣放礼炮

开始时间：　　　画面内容：

10:05:12 AM　军乐团指挥单人

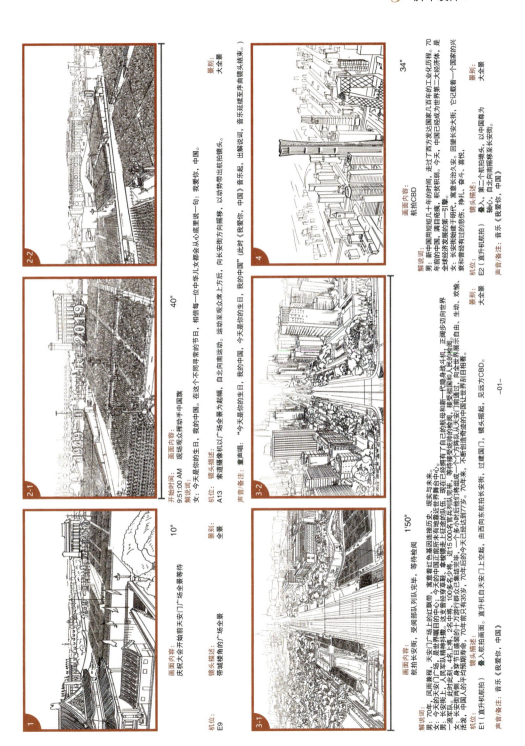

1

画面内容：
庆祝大会开始前天安门广场全景等待

镜头描述：
带城楼角的广场全景

景别：
全景

10"

2-1 / 2-2

开始时间：
9:51:00 AM

解说词：
女：今天是你的生日，我的中国。在这个不同寻常的节日，相信每一位中华儿女都会从心底里说一句：我爱你，中国。

机位：
A13

镜头描述：
索道摄像机以广场全景为起幅，以动势带出拍镜头。

声音/备注：童声唱："今天是你的生日，我的中国，今天是你的生日，我的中国"（此时《我要你，中国》音乐起，出解说词。）

画面内容：
现场观众挥动手中国旗

40"

景别：
大全景

运动至观众席上方，向长安街方向移动，以动势带出拍镜头。（此时《我要你，中国》音乐继续至本序曲镜头结束。）

3-1 / 3-2

画面内容：
航拍长安街，受阅部队列队，等待检阅

150"

解说词：
男：70年，风雨兼程，天安门广场，是庆祝盛典的中心。今天的天安门广场，高耸着红色气氛热烈。是世界瞩目的中心，今天的军事的队伍正昂首阔步正迈进的队伍。这支受阅部队，拿检验进至位置的队伍，近15 000名官兵少将，上身，一流军人主题。此时，100多名少将、28名将领身，身着节日礼服，正步步向世界迈进，正迈进向世界一流军人主题。身受阅官兵，100多名节日镜头外已集结完毕，一个多小时后他们将组成一个分列式向天安门城楼检阅。长安街两侧，可谓大众的聚会人头攒动，不断创造着的造诣，净礼，净礼，活泼，高度，中国人的年均期期待。70年有335岁，70年后的今天已经达到7万岁。

机位：
E1（直升机航拍）

镜头描述：
叠入航拍画面，直升机自天安门上空起，由西向东拍航长安街，过建国门，镜头揺起，见远方为CBD。

声音/备注：音乐《我爱你，中国》

景别：
大全景

4

画面内容：
航拍CBD

34"

解说词：
男：新中国用短短几十年的时间，走过了西方发达国家几百年的工业化历程。70年前的中国，满目疮痍，积贫积弱。今天，中国已经成为世界第二大经济体，是全球经济发展的第一引擎。
男：长安街始终建于新时代，回望长安大安，它记载着每一个国家的兴衰和富足有过的悲伤、净礼、音斗、喜悦。

机位：
E2（直升机航拍）

叠入，第二个拍航镜头，以长安街为轴心，自北向南推移至长安街。

声音/备注：音乐《我爱你，中国》

-01-

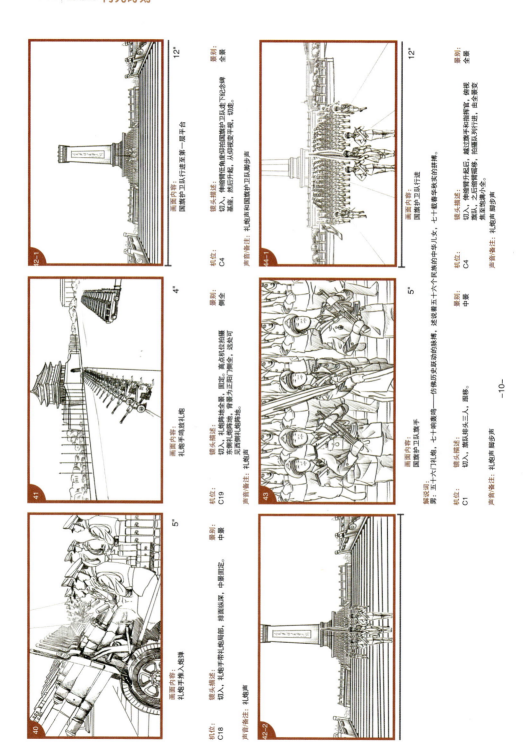

画面内容：
国旗护卫队行进至第一层平台

镜头描述：
切入，伸缩臂低角度仰拍国旗护卫队走下纪念碑基座，然后平视，从仰视变平视。切立。

机位：
C4

景别：
全景

12"

声音/备注：礼炮声和国旗护卫队脚步声

画面内容：
国旗护卫队行进

镜头描述：
切入，伸缩臂升起后，越过旗手指挥官、俯视旗队，之后继续摇移，拍摄队列行进，由全景变焦至饱满大小全。

机位：
C4

景别：
全景

12"

声音/备注：礼炮声 脚步声

画面内容：
礼炮手鸣放礼炮

镜头描述：
切入，礼炮阵地全景，固定，高点机位拍摄东侧礼炮阵地，背景为正阳门/侧全，远处可见西侧礼炮阵地。

机位：
C19

景别：
侧全

4"

声音/备注：礼炮声

画面内容：
国旗护卫队行进

镜头描述：
切入，旗队排头三人，跟移。

机位：
C1

景别：
中景

5"

解说词：
男：五十六门礼炮，七十响齐鸣——仿佛历史脉动的脉搏，述说着五十六个民族的中华儿女，七十载春华秋实的拼搏。

声音/备注：礼炮声 脚步声

画面内容：
礼炮手推入炮弹

镜头描述：
切入，礼炮手将礼炮局部，排面纵深，中景固定。

机位：
C18

景别：
中景

5"

声音/备注：礼炮声

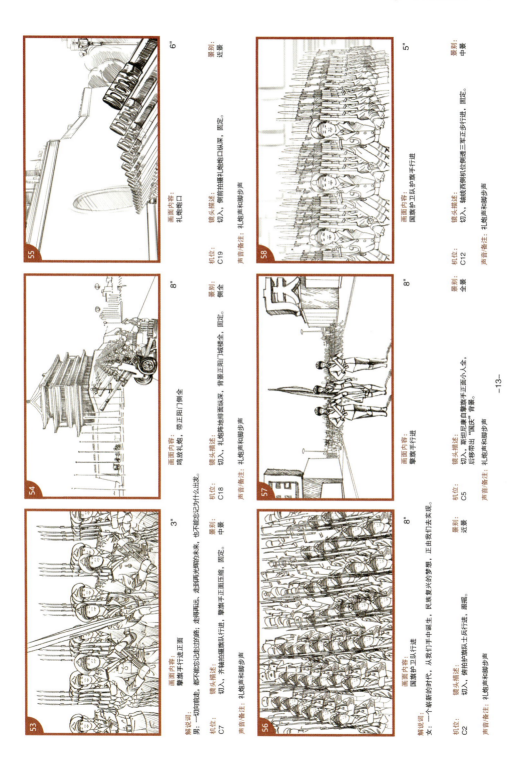

55

画面内容：
礼炮炮口

镜头描述：
切入，侧前拍摄礼炮炮口纵深，固定。

机位：C19

声音/备注：礼炮声和脚步声

景别：近景 6"

54

画面内容：
鸣放礼炮，带正阳门侧全

镜头描述：
切入，礼炮阵地侧面纵深，背景正阳门城楼全。

机位：C18

声音/备注：礼炮声和脚步声

景别：侧全 8"

53

画面内容：
擎旗手卫队正面

镜头描述：
切入，齐辅拍摄旗队行进，擎旗手正面压低，固定。

机位：C7

声音/备注：礼炮声和脚步声

景别：中景 3"

解说词：男：一切向前走，都不能忘记走过的路；走得再远，走到再光辉的未来，也不能忘记为什么出发。

58

画面内容：
国旗护卫队、护旗手行进

镜头描述：
切入，轴线西侧机位侧透三军正步行进，固定。

机位：C12

声音/备注：礼炮声和脚步声

景别：中景 5"

57

画面内容：
擎旗手行进

镜头描述：
切入，斯坦尼康自擎旗手正面小人全，后移带出"国庆"背景。

机位：C5

声音/备注：礼炮声和脚步声

景别：全景 8"

56

画面内容：
国旗护卫队行进

镜头描述：
切入，俯拍护旗队士兵行进，跟摇。

机位：C2

声音/备注：礼炮声和脚步声

景别：近景 8"

解说词：女：一个崭新的时代，从我们手中诞生，民族复兴的梦想，正由我们去实现。

分镜头脚本在电视新闻直播中的作用

提升整体效率　　准确传达信息　　提供专业参考

一、提升整体效率

1. 提升信息接收的速度

一般来说读图速度最快。阅读几百字的文字可能需要几分钟，但看一张图只需要几秒钟。把导演创作意图从"文字说明书"转化为"图像说明书"，能让人更快地了解信息。

2. 节省沟通成本

直播团队人数众多，工种繁杂，总导演有了新想法，通过分镜头脚本可以直接记录、修改所有的新想法和变动，并直接传递到每个人手中。

3. 简化工作流程

分镜头脚本从导演创意初期就同步产生，并在接下来的每个工作流程中不断被修改完善，直到最终直播时确定分镜头脚本。在全过程中，分镜头脚本起到了连接各系统和快速同步的重要作用，大大简化了工作流程，节约了人力物力。

二、准确清晰地传达信息

重大活动的直播标准极高，对差错"零容忍"而且一次成型，所以直播分镜头脚本和一般的影视分镜头脚本完全不同。分镜头画面信息要准确清晰，不能有误差。一个分镜头画面包含有：景别、机位、事件、人物、环境、气氛等信息，每个信息都是各系统各岗位重要的工作依据，必须力求准确不能出错。

三、提供专业参考和依据

分镜头脚本是一本专业工作手册，对于各岗位系统都有明确参考价值。通过分镜头脚本，今后同类型的重大活动直播可以更便捷地获得各项专业参数，而不用依靠反复播放之前的视频资料，还可以了解掌握更多的细节。

电视直播的传统做法是把分镜头脚本做成表格形式，然后在表格中用语言去叙述，内容包括机位号、景别（全景、中景、近景、特写、显微）、技巧（包括镜头的运用，推、拉、摇、移、跟等；镜头的组合，淡入、淡出、叠化、切换等）、画面拍摄内容（详细写出画面中场景的变化和简单构图）等。比如 A3 是一个固定机位、A19 是一个高点机位大全景，然后这个固定机位要拍的是什么，只是用语言去描述。

把分镜头脚本做成连环画形式，把总导演组对直播的思路和理念以画图的方式呈现出来，是一个大胆的设想，也是一个前所未有的创新。这样的做法最早是在"国庆 50 周年"直播时萌生的，当时还是很粗略的画图，但也是一个新鲜的尝试。之后在"国庆 70 周年"和"建党百年"直播时，中央广播电视总台直播团队专门组织了分镜头脚本团队，内设绘画小组，从分镜头脚本的创意构思、文本设计，到构图绘画，把电视新闻直播当做拍电影去做，这也是用艺术手法呈现直播节目思想的一种有益的探索。

制作分镜头脚本的过程就是设计镜头、规范镜头的过程。把镜头一遍一遍地去描绘，然后感觉这样对不对、好不好，并不断地进行调整。对于一些包含有起落幅的长镜头，在连环画里对应的就是三个画面，比如起幅一个，中间过渡一个，落幅一个。

"建党百年"直播时，涉及系统切换的镜头还标记了星号，一看到这个标记，就知道下一个镜头要换系统了，非常直观明了。

连环画式分镜头脚本

分镜头脚本是导演创作思路、理念的画面体现。重大活动电视新闻的现场直播，除了突发性的新闻直播无法事先准备脚本以外，一般都应在直播前做好分镜头脚本。分镜头脚本大体有三方面的内容：活动的顺序；镜头的创意序列；解说词和画面镜头描述、镜头操作要求。

制作分镜头脚本的过程就是设计镜头、规范镜头的过程。直播分镜头脚本是综合的图文指导，通过画面，可以直接地看到系统和机位，包括镜头的描述文字、配乐、音效，非常直观地让每一个系统、工种都了解和掌握导演的创作思路。

　　连环画形式分镜头脚本其实就是一个综合的图文指导，通过画面，可以直接地看到系统和机位，包括镜头的描述文字、配乐、音效，可以非常直观地让每一个系统、工种都了解和掌握。在"国庆 70 周年"和"建党百年"直播中，每一次演练之前，各系统的同事都集中在一起"唱本子"（拿着分镜头脚本打合镜头的过程）。比如上一个镜头是 A 系统的 5 号机，出的效果可能是一个方阵过来了，那么 C 系统的反打就知道接下来应该带这个方阵的一个天安门大全景。再比如，A 系统的 4 号机下面有可能接的是 C 系统的 5 号机，直接换了系统。那么，怎么做到强化这个记忆？就是靠分镜头脚本。各系统的每一个人都按照分镜头脚本来接龙，用这种方式来强化每个人的记忆和画面感。

关键词 10："唱本子"

　　"唱本子"指导演组所有成员和所有机位的摄影师，按照分镜头脚本进行的"人体"镜头切换演练，目的是通过各系统反复打磨，优化直播流程和镜头设计。

在正式直播前，"国庆 70 周年"的分镜头脚本更新了十几次之多，版式、文字、画图标准、景别界定等一改再改，虽然最终版本没有做到和正式直播同步，有点可惜，不过为之后的重大活动直播打了一个非常好的样板。

"建党百年"直播时，分镜头脚本在"国庆 70 周年"版本的基础上更为完善。除了根据活动安排设计画面、结合仿真制作、确认各画面机位，更重要的是实现了和直播演练的同步，在每一次直播协调会上都能拿出一版与文字镜头本对应的图像分镜头脚本。"建党百年"的分镜头脚本调整了 12 次，到最后切换的时候，镜头本基本成型，因为镜头固化了，镜头本也就固化了，所以直播活动开始前，就形成了一本有 500 个镜头的连环画，真正把直播做到了电影级别的细致和精致。

⬆ 直播前导演和摄像团队现场"唱本子"

庆祝大会当天，直播团队严格按照分镜头脚本执行，最终版（第12版）分镜头脚本的内容与7月1日当天实际播出的画面吻合度高达95%以上。

连环画式分镜头脚本还有一个重要的作用，就是帮助直播团队发现问题，发现镜头设计还有哪些不合理的地方，并及时修正，"世界一流，历史最好"就是这样一点点抠出来的。重大活动直播一般都配有解说词，画面要和解说词一致，这对直播导演和摄影师的配合要求非常高，所以导演要依靠详细的分镜头脚本，才能在瞬息万变的现场活动场景中精准地找到需要的最佳镜头，并及时切换出符合镜头组接规律、表达重大主题的最佳镜头。专业而精准的分镜头脚本可以有效地帮助导演避免临场慌乱，防止切换出去的镜头内容偏离主题。从大的配合上来讲，就是在直播前，要反反复复地带着所有摄影师"唱本子"，每一位摄影师不仅要知道自己所处的任务点位的事情，也要清楚上下游之间的组接关系、顺序关系，每一位工作人员都要对整个流程非常熟悉。

关键词 11：复盘

　　演练中发现的问题需要马上复盘，找出问题，及时解决。在这个过程中，对分镜头脚本和流程通过反复唱读，产生刻骨铭心的记忆。

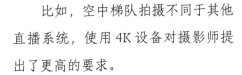

怎样才能长记性？

　　比如，空中梯队拍摄不同于其他直播系统，使用 4K 设备对摄影师提出了更高的要求。

　　"国庆 70 周年"大阅兵直播前，团队提前四个多月开始演练，"建党百年"直播团队提前两个多月开始演练，按照分镜头脚本一次次地打磨镜头，致力于将镜头的速度与飞机的速度完美结合，展现拍摄水平和飞机的风采。

　　在每一场拍摄后，拍摄团队都会举行看片会复盘，将每一位摄影师拍摄的画面逐一播放，请导演组成员、总摄影师对镜头进行点评和分析，打磨角度、构图以及拍摄手法，使得每一次的拍摄都有提升。

关键词 12：沟通合作平台

在重大活动电视新闻直播中，沟通平台、合作界面必须明确，各系统、各机位、各工种的交接切换节点必须清晰，各自做好各自的部分，衔接在一起才能是完整的节目呈现。

分镜头脚本就是明晰合作界面接口关系的重要武器。

转播团队创作的脚本分摊到每一个摄影师身上的镜头其实并不多，但是需要导演通过分镜头脚本来有序衔接这些镜头，形成完整的直播。当然有的摄影师完成的镜头数量比较多，比如"国庆 70 周年"的伸缩臂镜头，在 1 300 多个镜头里，它要完成 200 多个；有的摄影师只完成一个镜头。不管怎样，都需要大家一起去磨合，才能最好地呈现出脚本的内容。

5.2 从文字到画面：连环画式分镜头脚本创新

分镜头脚本是用于描述导演思路、直播创意、交流想法、指导拍摄的重要抓手和工具，是整个直播工作的统领，也是整个直播中最重要的一环。传统的文字式直播脚本有诸多不便，增加了直播工作中大量的沟通成本，也造成了各环节认知上的差异，并最终会导致执行上的偏差。在大量实践的基础上，笔者借鉴电影分镜设计经验，在重大活动电视新闻直播中创新性地创作连环画式的分镜头脚本，解决了从文字到画面的"最后一公里"，直播中的诸多问题和不便迎刃而解。

连环画分镜头脚本真正意义上的落实是在"国庆 70 周年"直播过程中。2019 年五六月份的时候开始着手组建相关团队，包括主负责人、绘画小组，以及在中后期敲定专业的制作公司。主负责人承担分镜头脚本的创意构思、文本设计，以及与总导演组、各分系统、绘画团队和专业公司的协调沟通。由于没有任何模板或经验可循，所有人都处于摸索过程，就画册本身来说，仅绘画风格一项，就前后修改了六七版，经历了数次推倒重来，还有景别界定、画册版式，无一不是从零做起。

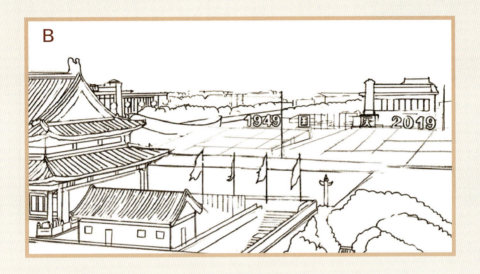

维步方队，超远大全景，高点，天安门正向，左45°角，俯拍-10°角
人末观大场面，纵深感。

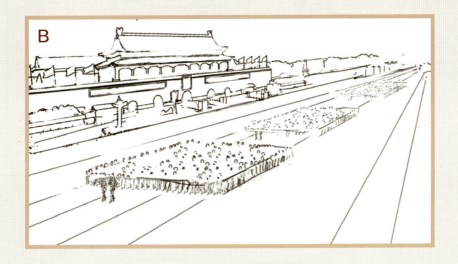

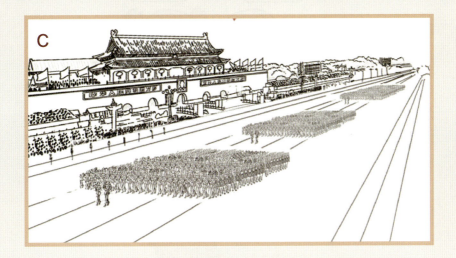

A

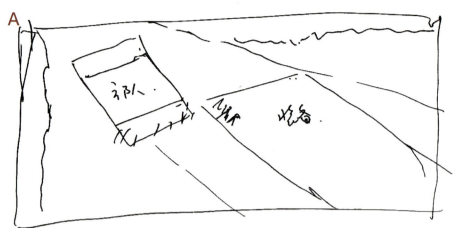

坦克无队人(发动)(太满)。

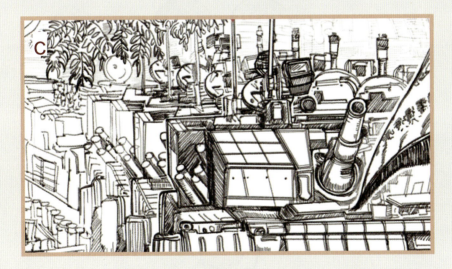

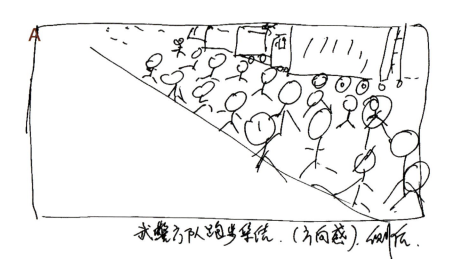

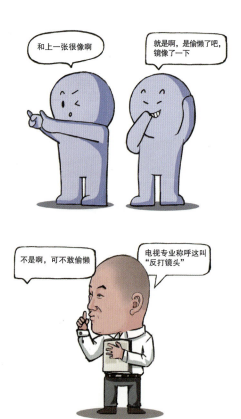

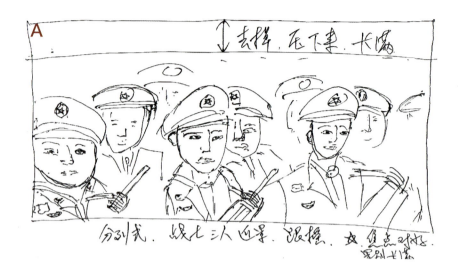

经过摸索、磨合，最终形成了共计有 1 500 多个直播分镜头的脚本。这些分镜头细化到了每一个时间节点、每一个活动环节、每一个动作细节，并在最后的直播中得到了严格执行。"建党百年"的时候，基于"国庆 70 周年"绘制分镜头脚本的经验，团队从直播活动策划阶段就全程参与并着手制作。

做分镜头脚本之初，首先需要观摩学习历年大型新闻直播的相关资料，比如"国庆 50 周年"和历次阅兵等相关直播报道的文字和视频，理清思路，脑海中形成一个大致的方向；然后要和导演组及各系统进行多次沟通，参加直播协调会，了解活动流程及导演创作意图，按照总导演和总摄像对一些关键机位的设置和画面的设想，对每个机位、画面、景别反复推敲、设计画面内容；绘画小组成员了解创作意图后，结合仿真画面进行分镜头绘画，并陆续确认、添加各画面机位、景别、音乐等元素，搭建出分镜脚本的框架；之后，以连环画册方式固化每次演练成果，不断规范各个系统转换和每位摄影师镜头的构图。

分镜头脚本的绘制流程

前期准备　制定标准　寻找确定性和不确定性　修改和纠错

一、前期准备

搜集以往重大活动直播视频影像资料，了解活动基本流程、结构、环节等。

二、建立团队，制定标准

1.风格标准

团队绘制分镜头脚本时，首先要解决的是风格统一问题。因此要提前制订详尽的风格标准，比如笔刷类型、笔刷粗细、排线方式、人物五官绘制方式等，还需要有标准样图给团队每个人参考，后期还需要根据完成情况，由一两个人来对所有画稿的风格进行统一、调整。

2.流程标准

除了统一绘制标准，绘画流程的标准化也很重要。从新建画布尺寸到绘画步骤，到最后出图的格式、分辨率，包括文件名称的标准，都需要一一规范。

三、工作方式：寻找确定性和不确定性

由于每次演练完就需要更新一版分镜头脚本，留给分镜头绘

制的时间非常有限，有时一晚上就要完成几百张的更新，几乎变成了"不可能完成的任务"。

针对这种工作中大量的不确定性，解决方案就是找到其中的"确定因素"。比如"国庆"庆典直播中，每次都会有相应固定的流程和环节，这样就会有一些固定的不会改变的镜头画面。这些画面可以作为储备画面平时就画好。还有一部分画面是含有部分确定因素，掺杂部分不确定因素。比如在一些镜头画面中，环境景别是固定的，人物或事件顺序等不确定，这种情况可以提前画好确定元素，预留出不确定部分，待演练完成后再补充。这样在"分散工作量"的前提下，就能保证每次演练完后的一批紧急巨量更新任务能顺利完成。

四、修改和纠错

分镜头脚本的最初版本会在第一次演练前建立起来，后面每一次演练，都要对分镜头脚本做一次更新和修改。纠错是穿插在全过程中的非常重要的环节，也是非常繁琐需要耐心对待的工作，随时发现问题并纠正问题。分镜头脚本完成的过程也是在不停"试错"并不断"纠错"的过程。

由于直播活动有很多的不确定性，比如"建党百年"直播时，分镜头脚本团队要与负责时政画面的 A 系统多次确认时政环节的安排，另外，B系统负责的献词部分内容和 C 系统负责的飞行段落也一直在变化调整，分镜头脚本的画面内容、机位设置和景别也要随时调整。

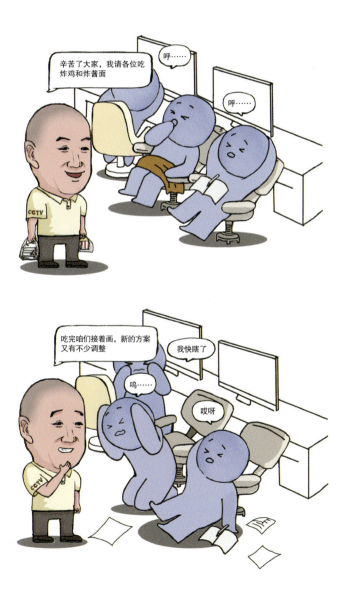

　　为了确保在每一次直播协调会上都能及时呈现一版最新的图像分镜头脚本，保证所有摄影师手中的分镜头脚本内容精准无误，团队经常连夜制作最新分镜头脚本。"建党百年"直播活动，分镜头脚本团队共制作近 50 版电子文档，更新排版制作了 12 版纸质分镜头脚本图册，镜头画面的更新近 300 张，最终形成了有导演意图、摄像创作、景别标注和解说词匹配，同时有上下衔接的连环画式分镜头脚本。

关键词 13：建构镜头创意序列

在现场"踩点"之后，导演团队结合直播事件本身的内容和程序，开始设计主要镜头序列。镜头序列应当有一条清晰的故事线或者叫叙事线，即先出哪个镜头，后出哪个镜头，确立一个基本的逻辑顺序，而不是把好镜头毫无章法地堆砌在一起。

对于重大活动直播来说，总导演闭上眼睛，脑海里出现的第一个镜头非常重要。比如说到国庆阅兵式，绝大部分人脑海中出现的第一个镜头必然是天安门广场。所以每次在天安门广场举行的阅兵式直播，第一个镜头都聚焦天安门广场，当然镜头的拍摄角度、景别可以有不同设计，但从合理性来说，用天安门广场来开篇是最合理的。

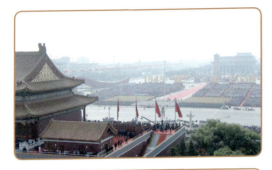

🔺 不同角度拍摄的天安门广场

确定了心目中的第一个镜头后，导演团队就要结合直播事件本身的内容和程序，分头设计总系统和分系统各自的镜头序列。这个顺序要符合讲故事的逻辑，要通过镜头序列整理出一条清晰的故事线或者叫叙事线，有开头，有铺垫，有悬念，有高潮，有收尾。不能平铺直叙、平均用力，也不能东一榔头西一棒子。

镜头序列的逻辑顺序基本上可以分为五个部分：交代直播环境、介绍直播对象、突出直播主体、展现事件过程、显示事件结果。其基本体现的就是新闻的五 W 要素（何时、何地、何事、何人、何因）。例如，在直播天安门广场上举行的青少年合唱活动时，首先要展示广场此时此刻的情景，包括本次活动独有的标识、标志性的元素（如人民英雄纪念碑、华表等）；然后介绍出场和伴随的主要人物，包括合唱团、军乐团、观礼群众、伴随式存在的国旗护卫队等；再突出展现合唱活动的主体——领唱学生和伴唱群体学生，展现合唱全过程；最后以伴随欢呼和掌声的大全景来对本段内容做一个小收尾。

镜头序列要和谐统一。既然是一条娓娓道来的故事线，就应当避免出现打乱叙事节奏的突兀的镜头。比如，在鸣礼炮、国旗护卫队行进的过程中，进入齐步变正步段落，镜头应当都聚焦在国旗护卫队行进和礼炮轰鸣上，不宜插入现场其余次要的镜头，以展现仪式的庄严感和完整性。

镜头序列要有合理的节奏和韵律。在这个镜头序列中，各种大小的景别、不同长短的镜头应当穿插使用，巧妙结合，环境的介绍也应该和事件的进展有机结合，形成一种符合事件氛围的张弛有度的节奏。比如，欢快的旋律可以配合动势稍强的运动镜头，镜头的长度也可以适当缩短，形成一组节奏明快的镜头；悲壮的旋律则更加适合使用沉稳的长镜头，不宜使用过于细碎的镜头。再比如，结合叙事内容设计镜头序列，在讲到孙中山先生时，给的是中山先生肖像的特写，后面紧跟着讲到毛泽东主席，此时如果从孙中山先生像特写直接接到毛泽东主席像特写，考虑到同景别镜头硬接，节奏会不舒服，于是就在中间设计一两个符合主题的过渡镜头。

在总系统和分系统有了大致的镜头序列后，我们就可以开始制作分镜头脚本了，在制作分镜头脚本的过程中，还应当根据演练进展，适时调整镜头序列。

镜头序列的逻辑顺序

镜头序列的逻辑顺序可以分为五个部分：交代直播环境、介绍直播对象、突出直播主体、展现事件过程、显示事件结果。其基本体现的就是新闻的五个 W（何时、何地、何事、何人、何因）。镜头序列要和谐统一，避免出现打乱叙事节奏的突兀镜头。镜头序列也要有合理的节奏和韵律，各种大小景别、不同长短的镜头应当穿插使用，巧妙结合。

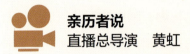

亲历者说
直播总导演　黄虹

"建党百年"直播的成功得益于精心打磨镜头，不断完善脚本。团队克服本次庆祝大会静态环节多、演练机会少等困难，在近 4 个月的筹备中，细抠每一个细节、每一个时间节点，还多次实地勘点、反复研磨演练画面、不断优化调整机位，最终形成了包含近 500 个分镜头的图文并茂的直播分镜头脚本。

作为衔接各分系统的关键，总系统的主要任务就是要搭好整个系统的结构、把握整体直播节目的节奏、做好各系统之间的无缝衔接。所以总系统的所有导演必须把与各分系统之间的所有衔接点烂熟于胸。

两个小时的直播，近 500 个镜头，记牢所有的衔接点谈何容易。"曲过千遍自然熟"，既然没有捷径可走，那就用最牢靠的笨办法：唱脚本。从 6 月开始，直播分镜头脚本结构基本确定后，一天至少唱两遍脚本成为总系统导演组的日常，尤其是 3 分半飞行表演段落，导演组还精心编辑了视频，与唱脚本同步进行，训练精准的切换点。直播当天，这个段落的转播做到了完美、零失误。

直播中诸多经典镜头的实现也非易事。从穿越巨型党徽再摇到国旗护卫队行进的这个经典长镜头，时长 53 秒，是由三位摄影师共同操作一架 18 米长的伸缩摇臂完成的，一连串的动作做到了一气呵成、分秒不差。为了这个镜头，B 系统团队到解放军仪仗大队的训练场地，找了两辆消防车，用曲臂云梯车模拟党徽的上沿和下沿，顶着烈日操练了 4 天才定型。没有料到的是，直播当天赶上广场风力突然加大，伸缩臂发生了漂移，多亏有之前训练出的扎实功底才稳住了镜头，内容得以最终精彩呈现。

🔺　穿越巨型党徽再摇到国旗护卫队行进的经典长镜头

从活动流程的设计上看，100 响礼炮、100 个正步代表着党走过的百年历程。100 响礼炮，这既是仪式中一个典型的声音源，也代表着 1921—2021 年的时间节奏。导演组把整个 6 分 13 秒的仪仗队行进过程按革命、新中国成立、改革、复兴四个历史阶段进行叙事表达，再用礼炮镜头切入调整切换节奏给观众一种段落感，用叙述历史的镜头逻辑串联起整个段落。在这 6 分 13 秒的进程中，还专门设计了四个阶段的标志性镜头：革命（举刀、炮声硝烟、百万雄师过大江浮雕）、新中国成立（党指挥军队建立新中国）、改革（从人民中走来、各行各业建设者）、复兴（领导人、中国排面、青年和未来）。有了这个想法，也才有了那个53秒穿越党徽的长镜头构想。因为在这个段落表现的主题是新中国成立，即党领导人民军队走向胜利并建立新中国的镜头叙事。所以借用巨型党徽这个现场非常显著的元素，通过解构它与仪仗队行进的关系，来表现"党指挥枪取得胜利"的内涵。

"中国排面"是没有经过演练在直播中一次成功的经典镜头。拍摄这个镜头的索道摄影机在临近直播前几天才完成了架设，已经没有试拍演练的机会了。在这个段落我们要表达的内涵是复兴，是进入新时代的民族精气神，因此这个画面承载的是以整齐划一来体现出军人仪仗队的精神风貌，代表着国家的强盛和民族的凝聚力。分系统团队利用九分屏的方式全程录下索道摄影机的单挂，再以秒和步数为时间单位进行推演，算出仪仗队经过索道下方的最佳切出点，最终在直播中一次成功。

在升旗环节，虽然历次国庆等大活动都有升旗环节，也有很多经典构图的升旗镜头，但建党百年的特殊意义让我们一直努力想找到升旗手甩旗、敬礼和党徽同框的画面。导演组和摄影组利用拍摄的素材反复推演，寻找合适的节奏点，在直播中最终完美切出了以党徽、年份标志为背景的甩旗镜头和以党徽为背景的礼兵敬礼特写。同时利用横跨广场东西向架设的天鹰座二维索道摄像机，首次实现了空中视角跟随拍摄以天安门为背景、国旗升到顶的经典镜头。

这样的故事还有很多，这一切都离不开1 200多位总台人在100多天的共同努力，正是因为他们发扬铁军精神，攻坚克难、苦练淬火、精益求精，正是因为他们的敬业、担当和执著，才成就了这次直播的成功。

○ 甩旗和党徽同框镜头

○ 空中视角以天安门为背景、国旗升到顶的经典镜头

"国庆70周年"阅兵直播分镜头脚本节选

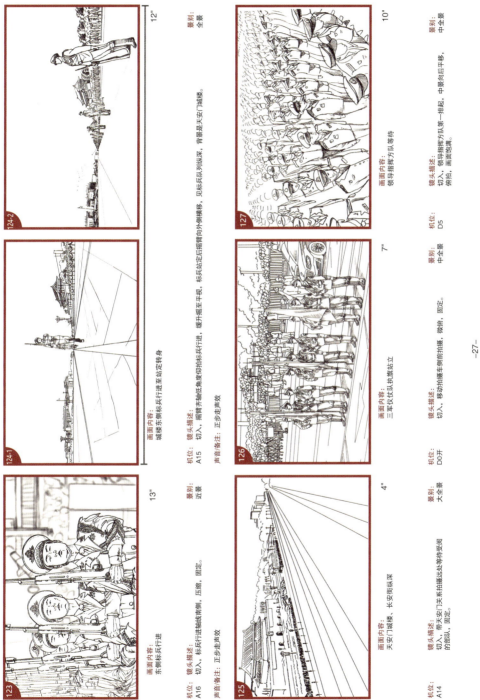

123

画面内容：
东侧标兵行进

机位：A16

镜头描述：切入，标兵行进轴线南侧，压缩，固定。

景别：近景

13"

声音备注：正步走声效

124-1

画面内容：
城楼东侧标兵行进至站定转身

机位：A15

镜头描述：切入，照瞄齐轴低角度仰拍标兵行进，缓升摇至平视，标兵站定后展向外侧横移，见标兵队列纵深，背景是天安门城楼。

景别：全景

12"

声音备注：正步走声效

124-2

125

画面内容：
天安门城楼、长安街纵深

机位：A14

镜头描述：切入，带天安门关系拍摄远处等空阅的部队，固定。

景别：大全景

4"

126

画面内容：
三军仪仗队执旗站立

机位：D0开

镜头描述：切入，移动拍摄车侧前拍摄，微俯，固定。

景别：中全景

7"

127

画面内容：
领导指挥方队等待

机位：D5

镜头描述：切入，领导指挥方队第一排起，中景向后平移，俯拍，画面饱满。

景别：中全景

10"

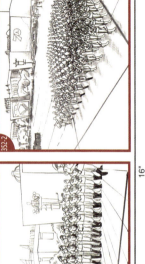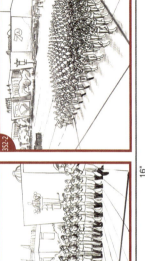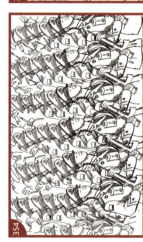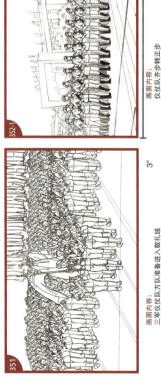

351

画面内容：
三军仪仗队方队准备进入徒礼线

机位：
A14

景别：
小全景

镜头描述：
切入，高点俯拍，长焦压缩仪仗队，固定。

声音/备注：
音乐《分列式进行曲》

3"

352-1　352-2

画面内容：
仪仗队齐步转正步

解说词：
男：人民军队永远是中国共产党领导下的军队，永远是国家的捍卫者，永远是社会主义的捍卫者，永远是人民利益的捍卫者。

机位：
A4

景别：
小全景至
大全景

镜头描述：
切入，伸缩镜在仪仗队右前侧外贴地仰拍三面旗齐步转正步，横向运动带出方队升起俯拍，跟随方队行进。

声音/备注："领队口令声"，正步脚步声《分列式进行曲》

16"

353

画面内容：
仪仗队士兵行进

机位：
A3

景别：
近景

镜头描述：
切入，男士兵侧面。

声音/备注：
正步脚步声
音乐《分列式进行曲》

2"

354

画面内容：
仪仗队士兵行进

机位：
A12

景别：
中景

镜头描述：
切入，俯拍方队(内三军男队员)小全，见队编整齐队列线条，跟摇。

声音/备注：
正步脚步声
音乐《分列式进行曲》

3"

355

画面内容：
仪仗队通过天安门

机位：
A8

景别：
全景

镜头描述：
切入，轨道摄像机向仪仗队对冲至平行与方队时变为同向跟移，背景为天安门减速全景。

声音/备注：
正步脚步声
音乐《分列式进行曲》

7"

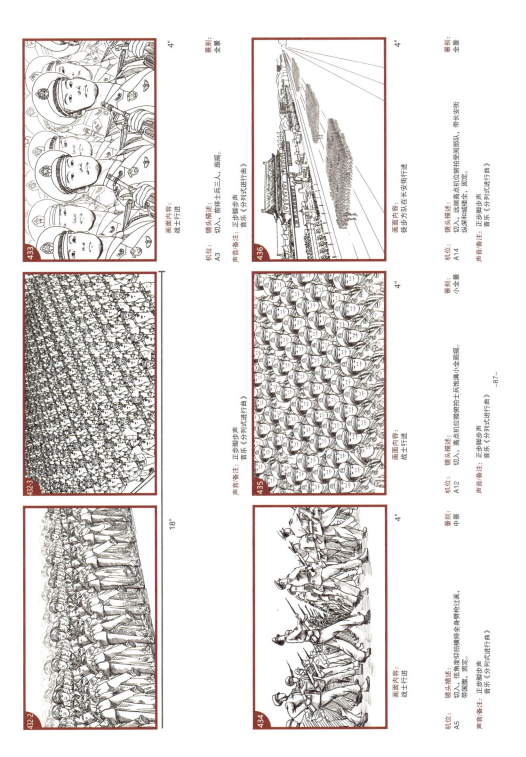

432-2

画面内容：
战士行进

机位：A5

镜头描述：
切入，低角度仰拍横排全身钢枪过画，带国旗，固定。

声音/备注：
正步脚步声
音乐《分列式进行曲》

432-3

18"

声音/备注：
正步脚步声
音乐《分列式进行曲》

433

画面内容：
战士行进

4"

景别：全景

机位：A3

镜头描述：
切入，前排士兵三人，跟摇。

声音/备注：
正步脚步声
音乐《分列式进行曲》

434

画面内容：
战士行进

4"

景别：中景

机位：A5

镜头描述：
切入，低角度仰拍横排全身钢枪过画，带国旗，固定。

声音/备注：
正步脚步声
音乐《分列式进行曲》

435

画面内容：
战士行进

4"

景别：小全景

机位：A12

镜头描述：
切入，高点机位微俯拍士兵铺满小全画。

声音/备注：
正步脚步声
音乐《分列式进行曲》

436

画面内容：
徒步方队在长安街行进

4"

景别：全景

机位：A14

镜头描述：
切入，远端高点机位俯拍受阅部队，带长安街纵深和城楼全，固定。

声音/备注：
正步脚步声
音乐《分列式进行曲》

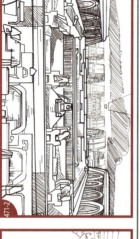

471-2

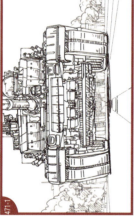

471-1

画面内容：
坦克方队驶过

解说词：
女：机动作战，勇往直前。陆上作战模块即将接受检阅。

镜头描述：
切入，低角度仰拍坦克方队来，领队坦克迎面驶来，闪出楔形方队第一排坦克擦身而过，第二排坦克迎面碾压过画，第三排中间坦克迎面驶来、仰拍，固定。

机位：
A0 EVS

声音备注：强化坦克轰鸣声 音乐《钢铁洪流进行曲》

景别：
小全景。

11"

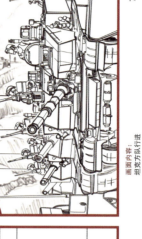

473

画面内容：
坦克方队行进

镜头描述：
切入，轨道摄像机升高平拍方队斜排纵深，跟移。

机位：
A8

声音备注：坦克轰鸣声 音乐《钢铁洪流进行曲》

景别：
小全景

7"

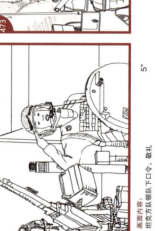

472

画面内容：
坦克方队领队下口令，敬礼

镜头描述：
切入，领队和士兵双人，跟摇。

机位：
A1

声音备注：领队口令"向右看"
坦克轰鸣声 音乐《钢铁洪流进行曲》

景别：
中景

5"

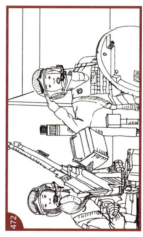

471-3

声音备注：强化坦克轰鸣声
音乐《钢铁洪流进行曲》

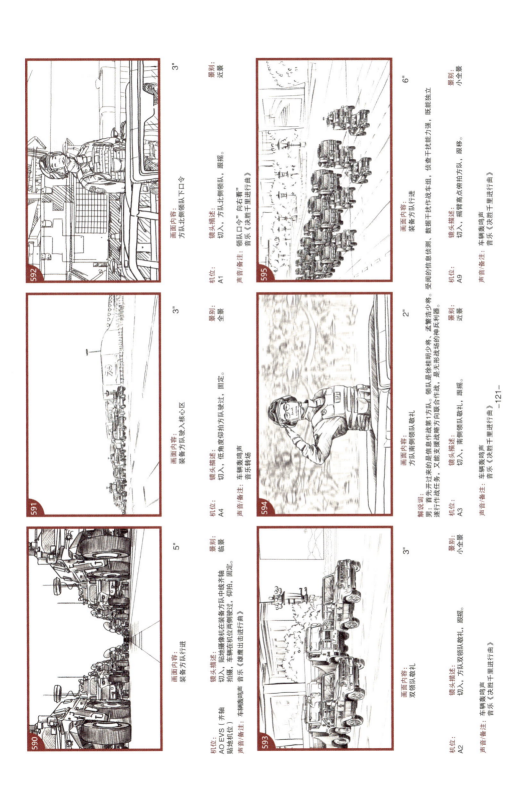

590 装备方队行进 5"
画面内容：装备方队行进
景别：临景
镜头描述：切入、贴地摄像机在装备方队中线齐轴拍摄，车辆鱼贯驶过出击行进。仰拍，固定。
机位：AO EVS（齐轴贴地机位）
声音/备注：车辆轰鸣声 音乐《雄鹰出击进行曲》

591 3"
画面内容：装备方队驶入核心区
景别：全景
镜头描述：切入、低角度仰拍方队驶过。固定。
机位：A4
声音/备注：车辆轰鸣声 音乐转场

592 3"
画面内容：方队北领队下口令
景别：近景
镜头描述：切入、方队北侧领队，跟摄。
机位：A1
声音/备注：领队口令"向右看" 音乐《决胜千里进行曲》

593 3"
画面内容：双领队敬礼
景别：小全景
镜头描述：切入、方队双领队敬礼，跟摄。
机位：A2
声音/备注：车辆轰鸣声 音乐《决胜千里进行曲》

594 2"
画面内容：方队南侧领队敬礼
景别：近景
镜头描述：切入、南侧领队敬礼，跟摄。
机位：A3
声音/备注：车辆轰鸣声 音乐《决胜千里进行曲》

解说词：
男：首先开过来的是信息作战第1方队。领队是徐朗少将，孟繁浩少将，是无形战场的神兵利器。迅行作战任务，又能支援战略方向联合作战，受阅的信息侦测、数据干扰作战车组，侦查干扰能力强，既能独立，限移。

595 6"
画面内容：装备方队行进
景别：小全景
镜头描述：切入、摇臂高点俯拍方队，限移。
机位：A9
声音/备注：车辆轰鸣声 音乐《决胜千里进行曲》

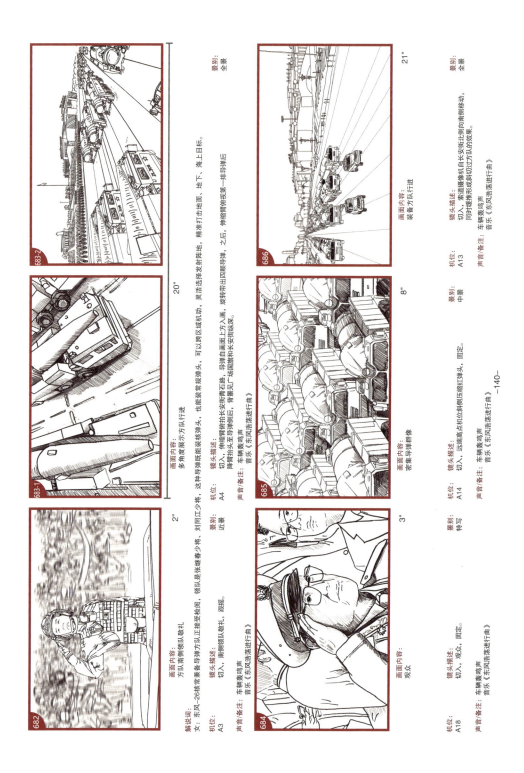

682

画面内容：
方队南侧领队敬礼

解说词：
女：东风-26核准备导弹方队正接受检阅，领队是张继春少将，刘同江少将，这种导弹既能装核弹头，也能装常规弹头，可以跨区域机动，精准打击地面、地下、海上目标。

机位：
A3

景别：
近景

镜头描述：
切入，南侧领队敬礼，固定。

声音备注：
车辆轰鸣声
音乐《东风浩荡进行曲》

683-1　683-2

2"　20"

画面内容：
多角度展示方队行进

镜头描述：
切入，伸缩镜头在长安街青石路，导弹自画面上方入画，降落抬头至导弹侧面，之后，伸缩镜头出四联导弹，旋转带出四联导弹头，背景见广场国旗和长安街纵深。

机位：
A4

景别：
全景

声音备注：
车辆轰鸣声
音乐《东风浩荡进行曲》

684

3"

画面内容：
观众

镜头描述：
切入，观众，固定。

机位：
A18

景别：
特写

声音备注：
车辆轰鸣声
音乐《东风浩荡进行曲》

685

8"

画面内容：
密集导弹群像

镜头描述：
切入，远端高点机位斜侧压缩红弹头，固定。

机位：
A14

景别：
中景

声音备注：
车辆轰鸣声
音乐《东风浩荡进行曲》

686

21"

画面内容：
装备方队行进

镜头描述：
切入，索道摄像机自长安街北侧向南侧移动，同时提视维形成斜切过方队行进的效果。

机位：
A13

景别：
全景

声音备注：
车辆轰鸣声
音乐《东风浩荡进行曲》

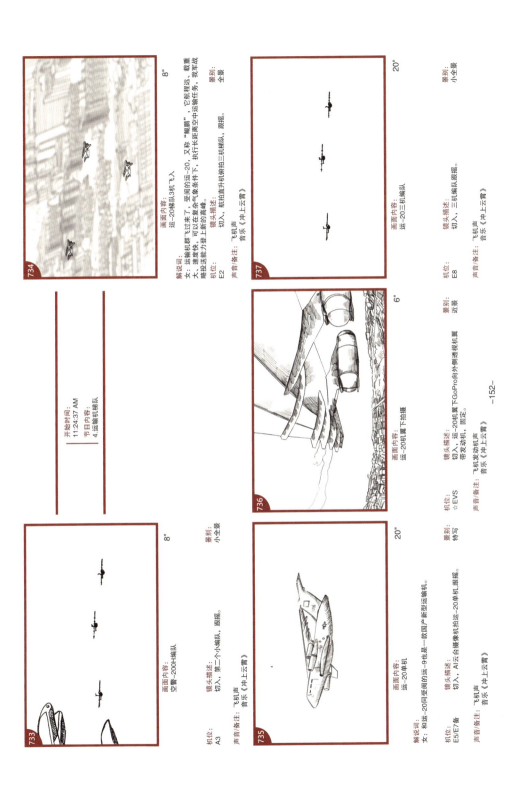

733
画面内容：
空警-200H编队

机位：
A3

景别：
小全景

镜头描述：
切入，第二个小编队，跟摇。

声音/备注：飞机声
音乐《冲上云霄》

8"

734
画面内容：
运-20梯队3机飞入

解说词：
女：运输机群飞过来了，受阅的运-20，又称"鲲鹏"，它航程远，载重大、速度快，可以在复杂气象条件下，执行长距离空中运输任务，我军战略投送能力翻三番上新的高峰。

镜头描述：
切入，航拍直升机俯拍三机梯队，跟摇。

机位：
E2

景别：
全景

声音/备注：飞机声 音乐《冲上云霄》

8"

开始时间：
11:24:37 AM
节目内容：
4.运输机梯队

735
画面内容：
运-20单机

解说词：
女：和运-20同受阅的运-9也是一款国产新型运输机。

机位：
E5/E7备

景别：
特写

镜头描述：
切入，AI云台摄像机拍运-20单机，跟摇。

声音/备注：飞机声
音乐《冲上云霄》

20"

736
画面内容：
运-20机翼下拍摄

机位：
☆EVS

景别：
近景

镜头描述：
切入，运-20机翼下GoPro向外侧透视机翼，固定。

声音/备注：飞机发动机，带发动机。
音乐《冲上云霄》

6"

737
画面内容：
运-20三机编队

机位：
E8

景别：
小全景

镜头描述：
切入，三机编队跟摇。

声音/备注：飞机声
音乐《冲上云霄》

20"

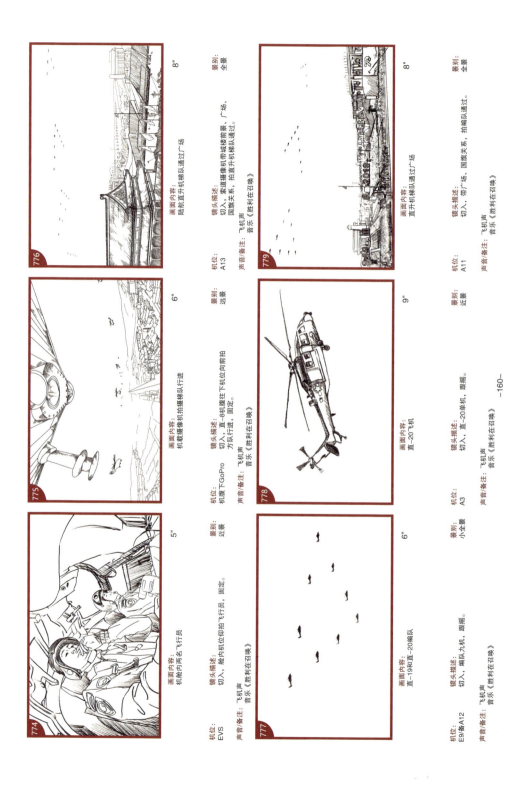

774
画面内容：机舱内两名飞行员
镜头描述：切入，舱内机位仰拍飞行员，固定。
机位：EVS
声音/备注：飞机声 音乐《胜利在召唤》
累别：近景
5″

775
画面内容：机载摄像机拍摄梯队行进
镜头描述：切入，直-8机腹往下机位向前拍方队行进，固定。
机位：机腹下GoPro
声音/备注：飞机声 音乐《胜利在召唤》
累别：远景
6″

776
画面内容：陆航直升机梯队通过广场
镜头描述：切入，索道摄像机带城楼前景，广场，国旗关系，拍直升机梯队通过。
机位：A13
声音/备注：飞机声 音乐《胜利在召唤》
累别：全景
8″

777
画面内容：直-19和直-20编队
镜头描述：切入，编队九机，跟摇。
机位：E9/备A12
声音/备注：飞机声 音乐《胜利在召唤》
累别：小全景
6″

778
画面内容：直-20飞机
镜头描述：切入，直-20单机，跟摇。
机位：A3
声音/备注：飞机声 音乐《胜利在召唤》
累别：近景
9″

779
画面内容：直升机梯队通过广场
镜头描述：切入，带广场，国旗关系，拍编队通过。
机位：A11
声音/备注：飞机声 音乐《胜利在召唤》
累别：全景
8″

"建党百年"直播分镜头脚本节选

（图中标注的五角星提示系统切换）

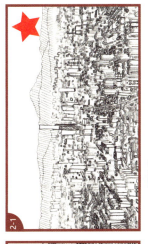

2-1　15"

画面内容：
航拍2：北京东三环CBD现代建筑群
解说词：
这里是中华人民共和国首都——北京
这里是中国共产党缔领中国人民
升起第一面五星红旗的地方
机位：
F2
直升机
镜头描述：
切入，航拍，CBD航拍
景别：
大全景
声音/备注：有背景音乐

1-2　10"

画面内容：金山岭
航拍1：金山岭
解说词：
穿越漫长的历史风云
古老的长城
见证了一个个大政党
百年的壮丽航程
机位：
F直升机
景别：
全景
声音/备注：有背景音乐

3-2　大全景

画面内容：
航拍2：北京东三环CBD现代建筑群
解说词：
机位：
F2
直升机
声音/备注：有背景音乐

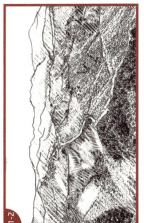

3-1　10"

画面内容：
沿南中轴线往天安门飞行
解说词：
回望百年前的中国
山河破碎，生灵涂炭
机位：
F3
直升机
镜头描述：
切入，航拍，沿南中轴线从南向北飞行，抵达广场向西侧飞行看到大船造型
景别：
大全景
声音/备注：有背景音乐

1-1　10"

开始时间：7:33:00
画面内容：
航拍1：金山岭
解说词：
七月的中国生机勃勃
长城内外郁郁葱葱
机位：
F
直升机
镜头描述：
切入，航拍
景别：
全景
声音/备注：有背景音乐
"螺旋桨声"进入
5秒后推"没有共产党就没有新中国"唱

2-2　15"

画面内容：
航拍2：北京东三环CBD现代建筑群
解说词：
中国道路，世界瞩目
机位：
F2
直升机
声音/备注：有背景音乐

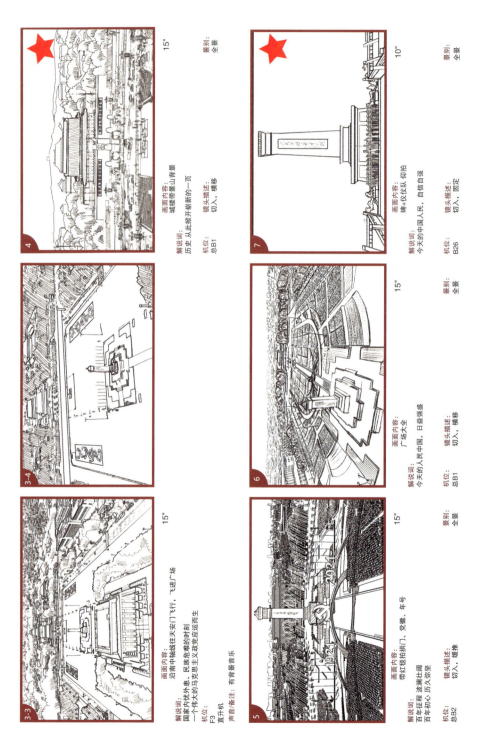

4

画面内容：
城楼带景 山背景

解说词：
历史 从此掀开新的一页

机位：
总B1

景别：
全景

镜头描述：
切入，横移

15"

3-4

画面内容：
沿南中轴线往天安门飞行，飞进广场

解说词：
国家内忧外患，民族危难的时刻
一个伟大的马克思主义政党应运而生

机位：
F3

直升机

声音备注：有背景音乐

15"

3-3

解说词：
百年征程 波澜壮阔
百年初心 历久弥坚

机位：
总B2

景别：
全景

镜头描述：
切入，缓推

15"

7

画面内容：
碑+仪仗队 仰拍

解说词：
今天的中国人民，自信自强

机位：
B26

景别：
全景

镜头描述：
切入，固定

10"

6

画面内容：
广场大全

解说词：
今天的人民中国，日益强盛

机位：
总B1

景别：
全景

镜头描述：
切入，横移

15"

5

画面内容：
带红楼拱门，党徽，车号

镜头描述：
切入，缓推

景别：
全景

15"

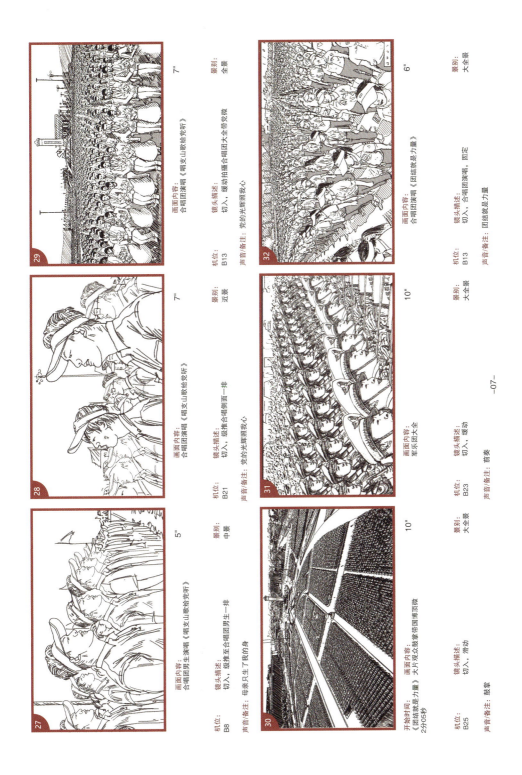

29

画面内容：
合唱团演唱《唱支山歌给党听》

镜头描述：
切入，缓动拍摄合唱团大全带主谓做

机位：
B13

声音备注：党的光辉照我心

景别：
全景

7"

32

画面内容：
合唱团演唱《团结就是力量》

镜头描述：
切入，合唱团演唱，固定

机位：
B13

声音备注：团结就是力量

景别：
大全景

6"

28

画面内容：
合唱团演唱《唱支山歌给党听》

镜头描述：
切入，级推合唱侧面一排

机位：
B21

声音备注：党的光辉照我心

景别：
近景

7"

31

画面内容：
军乐团大全

镜头描述：
切入，缓动

机位：
B23

声音备注：前奏

景别：
大全景

10"

27

画面内容：
合唱团男生演唱《唱支山歌给党听》

镜头描述：
切入，级推至合唱团男生一排

机位：
B8

声音备注：母来只生了我的身

景别：
中景

5"

30

开始时间：
《团结就是力量》
2分05秒

画面内容：
大片观众鼓掌带国博顶做

镜头描述：
切入，滑动

机位：
B25

声音备注：鼓掌

景别：
大全景

10"

-07-

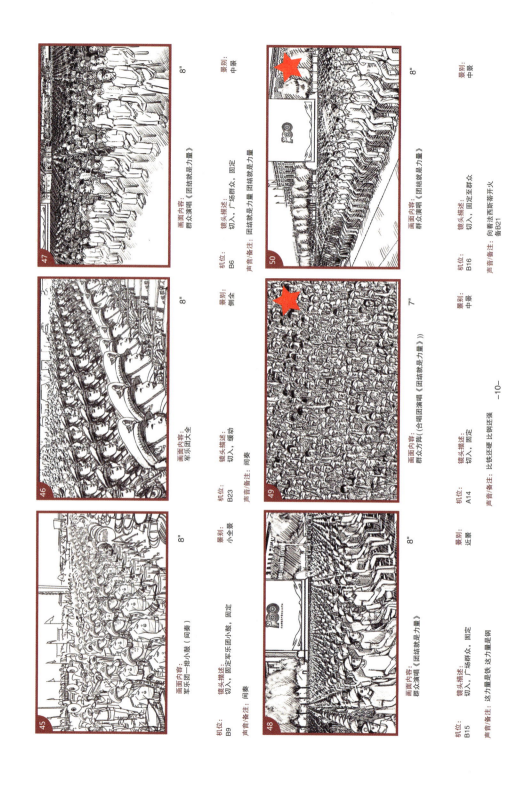

45
机位：
B9
声音/备注：间奏

画面内容：
军乐团一排小鼓（间奏）

镜头描述：
切入，固定军乐团小鼓，固定

景别：
小全景

8"

46
机位：
B23
声音/备注：间奏

画面内容：
军乐团大全

镜头描述：
切入，缓动

景别：
侧全

8"

47
机位：
B6
声音/备注：团结就是力量 团结就是力量

画面内容：群众演唱《团结就是力量》

镜头描述：
切入，广场群众，固定

景别：中景

8"

48
机位：
B15
声音/备注：这力量是铁 这力量是钢

画面内容：
群众演唱《团结就是力量》

镜头描述：
切入，广场群众，固定

景别：
近景

8"

49
机位：
A14
声音/备注：比铁还硬 比钢还强

画面内容：
群众方阵（合唱团演唱《团结就是力量》）

镜头描述：
切入，固定

景别：
中景

7"

50
机位：
B16
声音/备注：向着法西斯蒂开火 备B21

画面内容：群众演唱《团结就是力量》

镜头描述：
切入，固定至群众

景别：中景

8"

—10—

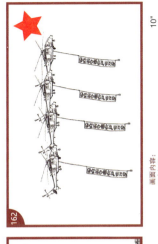

158

开始时间：07:55:30
(直8旗+2°直10排)
标语4
(4°直8)

画面内容：党旗、标语100编队全

镜头描述：切入、跟随

机位：C7　　　　景别：全景　　　　15"

159-1

画面内容：党旗三机编队,推党旗单机近景

解说词：在这庄严神圣的时刻、71架战鹰列阵长空，飞向天安门广场，代表人民军队向党致敬！向祖国致敬！向人民致敬！

镜头描述：切入、三机编队推进至党旗单机

机位：F2直升机　　　　景别：全景　　　　15"

159-2

160

画面内容：党旗长单机(特殊角度)向后拍着标语编队

镜头描述：切入、跟随拍摄

机位：D2　　　　景别：全景　　　　4"

161

画面内容：党旗、标语(炮满)

解说词：鲜艳的中国共产党旗，由直10编队点成的护旗梯队护卫，迎风向前。

镜头描述：切入、跟随拍摄

机位：C8　　　　景别：全景　　　　10"

162

画面内容：四个标语

解说词：紧随党旗的是4面巨幅标语：伟大的中国共产党万岁！伟大的中国人民万岁！全国各族人民大团结万岁！伟大的中华人民共和国万岁！。

镜头描述：切入

机位：V　　　　景别：中景　　　　10"

声音/备注：北饭

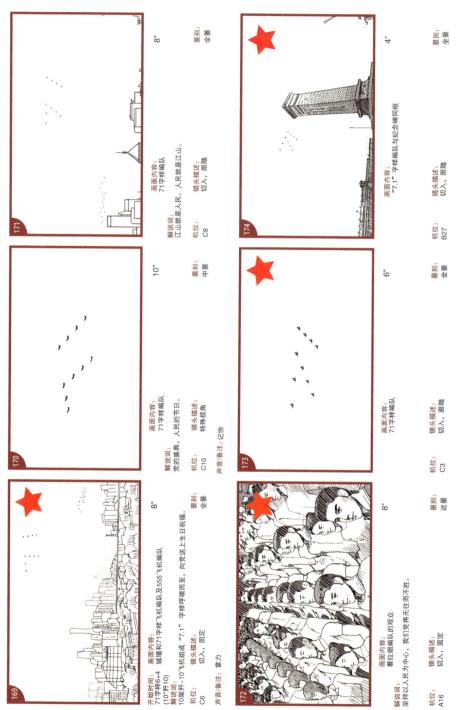

169

开始时间：
71字样6+4
（10"开"10）
解说词：
10架歼-10飞机组成"7.1"字样呼啸而至，向党送上生日祝福。
画面内容：
城墙和71字样飞机编队及555飞机编队
镜头描述：
切入，固定
景别：全景
机位：
C6
声音/备注：富力
8"

170

画面内容：
71字样编队
解说词：
党的盛典，人民的节日。
镜头描述：
特殊视角
景别：中景
机位：
C10
声音/备注：记协
10"

171

画面内容：
71字样编队
解说词：
江山就是人民，人民就是江山。
镜头描述：
切入，跟随
景别：全景
机位：
C8
8"

172

画面内容：
看飞机编队的观众
解说词：
坚持以人民为中心，我们党将无往而不胜。
镜头描述：
切入，固定
景别：近景
机位：
A16
8"

173

画面内容：
71字样编队
镜头描述：
切入，跟随
景别：全景
机位：
C3
6"

174

画面内容：
"7.1"字样编队与纪念碑同框
镜头描述：
切入，跟随
景别：全景
机位：
B27
4"

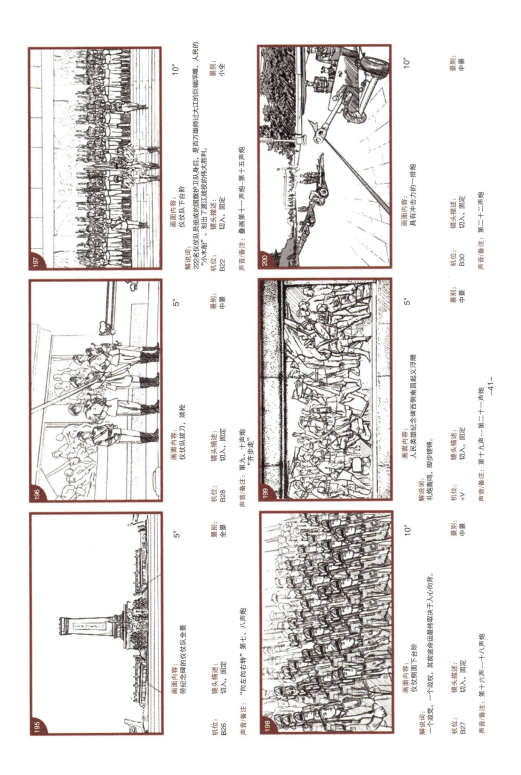

195

画面内容：
带纪念碑的仪仗队全景

镜头描述：
切入，固定

景别：
全景

机位：
B26

声音/备注："向左向右转" 第七、八声炮

196

画面内容：
（仪仗队拔刀，端枪）

镜头描述：
切入，固定

景别：
中景

机位：
B28

声音/备注：第九、十声炮
"齐步走"

197

画面内容：
仪仗队下台阶

解说词：
222名仪仗队员组成的国旗护卫队入身后，是百万雄师过大江的巨幅浮雕，人民的"小木船"划出了渡江战役的伟大胜利。

镜头描述：
切入，固定

景别：
小全

机位：
B22

声音/备注：叠画第十一声炮-第十五声炮

198

画面内容：
仪仗队下台阶

解说词：
一个政党，一个政权，其前途命运最终取决于人心向背。

镜头描述：
切入，固定

景别：
中景

机位：
B27

声音/备注：第十六声~十八声炮

199

画面内容：人民英雄纪念碑西侧南昌起义浮雕

解说词：
礼炮轰鸣，脚步铿锵。

镜头描述：
切入，固定

景别：
中景

机位：
+V

声音/备注：第十九声~第二十一声炮

200

画面内容：
具有冲击火力的一排炮

镜头描述：
切入，固定

景别：
中景

机位：
B30

声音/备注：第二十二声炮

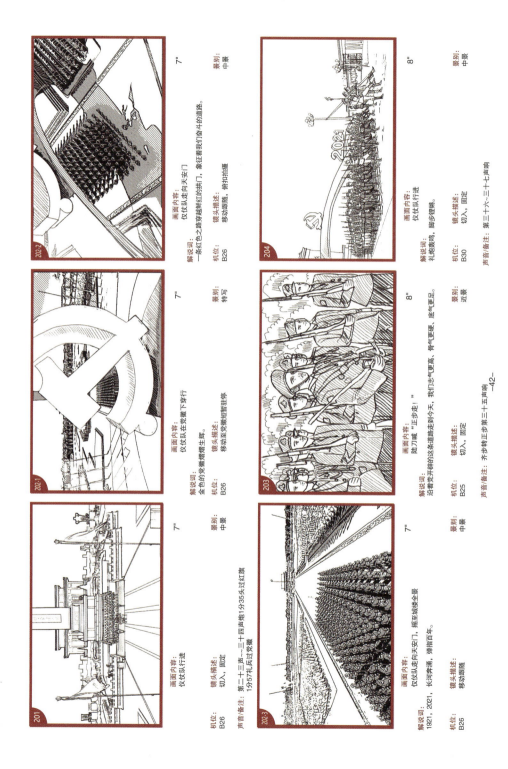

201

机位：
B26

声音/备注：第二十三声～三十四声炮1分35头过党徽
1分57礼兵过红旗

画面内容：
仪仗队行进

镜头描述：
切入，固定

景别：
中景

202-1

画面内容：
仪仗队往党徽下穿行

解说词：
金色的党徽熠熠生辉。

镜头描述：
移动至党徽做短暂驻停

景别：
特写

7"

202-2

画面内容：
仪仗队走向天安门

解说词：
一条红色之路之路穿越鲜红的拱门，象征我们奋斗的道路。

镜头描述：
移动跟随，俯拍拍摄

机位：
B26

景别：
中景

7"

202-3

画面内容：
仪仗队走向天安门，描至城楼全景。

解说词：2021，长河奔涌，弹指百年。

镜头描述：
移动跟随

机位：
B26

景别：
中景

7"

203

画面内容：
阔刀劈"正步走！"

解说词：沿着党开辟的这条道路走到今天，我们志气更高、骨气更硬、底气更足。

镜头描述：
切入，固定

机位：
B25

景别：
近景

8"

声音/备注：齐步转正步第三十五声响

204

画面内容：
仪仗队行进

解说词：
礼炮轰鸣，脚步铿锵。

镜头描述：
切入，固定

机位：
B30

景别：
中景

8"

声音/备注：第三十六～三十七声响

207-1

画面内容：
仪仗队45度角排面

解说词：
当年的万里长征、浴血抗战，共产党人踏着这样的脚步，百折不挠。

机位：
B25

镜头描述：
切入、跟随移动

景别：
侧全

7"

声音/备注：第四十一、四十三声响

206

画面内容：
具有冲击力的一排炮

镜头描述：
切入、固定

机位：
B30

景别：
中景

10"

声音/备注：第四十声响

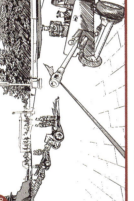

205

画面内容：
仪仗队三名旗手行进

解说词：
从人民英雄纪念碑到国旗杆，这22米的距离，国旗护卫队由齐步、正步、齐步各100步完成。

机位：
B20

镜头描述：
切入、跟随

景别：
近景

8"

声音/备注：第三十八、三十九声响

209

画面内容：
海军举刀特写

解说词：
今天的脱贫攻坚、抗击疫情，共产党人踏着这样的脚步，一往无前。

机位：
B20

镜头描述：
切入、跟随

景别：
近景

7"

声音/备注：第四十四声响

208

画面内容：
低角度仰拍方阵全景
（不带旗手和举刀士兵）

机位：
B24

镜头描述：
切入、跟随移动

景别：
侧全

7"

声音/备注：第四十三声响

207-2

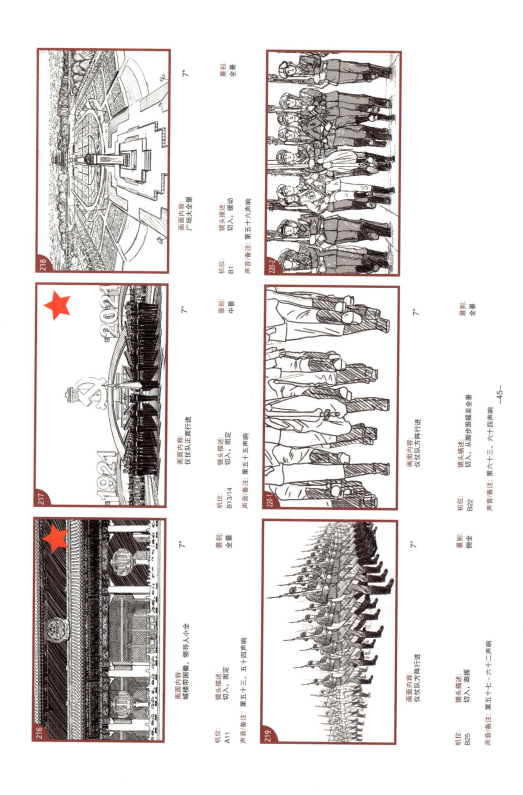

216

画面内容：
城楼带国徽、领导人小全

7"

景别：
全景

镜头描述：
切入、固定

机位：
A11

声音/备注：第五十三、五十四声响

217

画面内容：
仪仗队正面行进

7"

景别：
中景

镜头描述：
切入、固定

机位：
B13/14

声音/备注：第五十五声响

218

画面内容：
广场大全景

7"

景别：
全景

镜头描述：
切入、甩动

机位：
B1

声音/备注：第五十六声响

219

画面内容：
仪仗队方阵行进

7"

景别：
侧全

镜头描述：
切入、跟摇

机位：
B25

声音/备注：第五十七～六十二声响

220-1

画面内容：
仪仗队方阵行进

7"

景别：
全景

镜头描述：
切入、从脚步跟摇至全景

机位：
B22

声音/备注：第六十三、六十四声响

220-2

景别：
全景

镜头描述：
切入、甩动

机位：
B1

声音/备注：第五十六声响

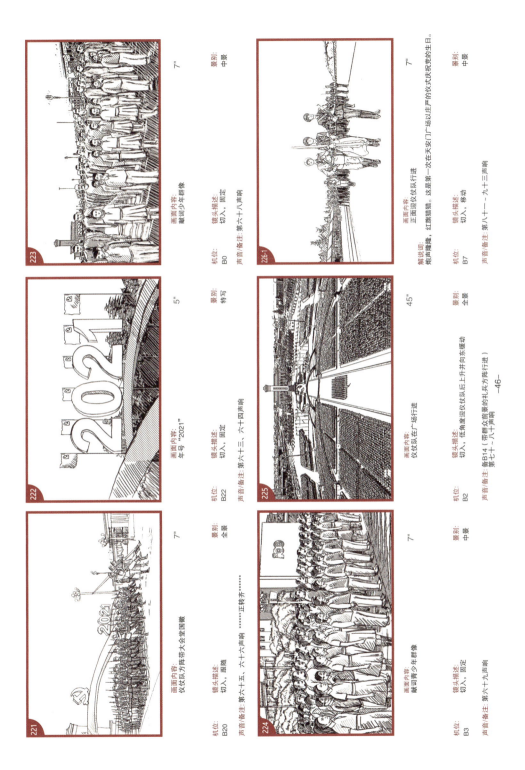

221

画面内容：
仪仗队方阵带大会堂国徽

镜头描述：
切入，跟随

机位：
B20

声音/备注：第六十五、六十六声响......正转齐......

景别：
全景

7"

222

画面内容：
年号"2021"

镜头描述：
切入，固定

机位：
B22

声音/备注：第六十三、六十四声响

景别：
特写

5"

223

画面内容：
献词少年群像

镜头描述：
切入，固定

机位：
B0

声音/备注：第六十八声响

景别：
中景

7"

224

画面内容：
献词青少年群像

镜头描述：
切入，固定

机位：
B3

声音/备注：第六十九声响

景别：
中景

7"

225

画面内容：
仪仗队在广场行进

镜头描述：
切入，低角度迎仗队后上升并向东缓动

机位：
B2

声音/备注：备B14（带群众前景的礼兵方阵行进）
第七十一、八十声响

景别：
全景

45"

226-1

画面内容：
正面迎仗队行进

解说词：
炮声隆隆，红旗猎猎。这是第一次在天安门广场以庄严的仪式庆祝党的生日。

镜头描述：
切入，移动

机位：
B7

声音/备注：第八十一–九十三声响

景别：
中景

7"

-46-

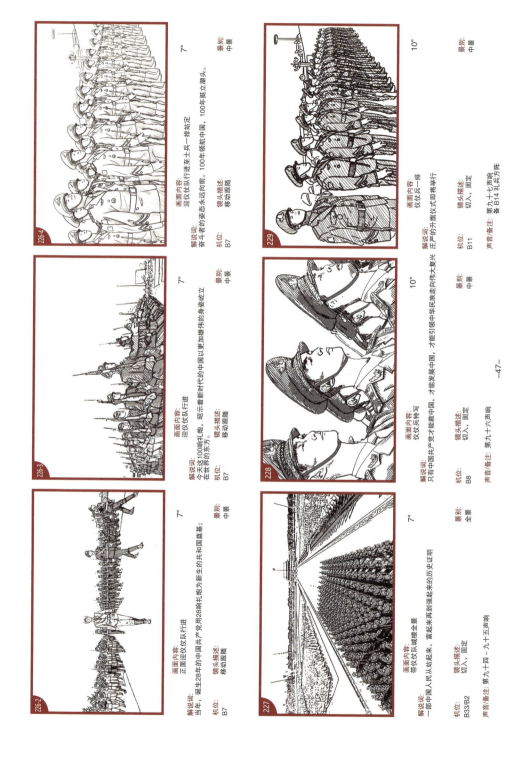

226-4　7"

画面内容:
迎仪仗队行进至士兵一排站定

解说词:
备斗者的姿态永远向前。100年领航中国，100年挺立潮头。

镜头描述:
移动跟随

机位:
B7

景别:
中景

226-3　7"

画面内容:
迎仪仗队行进

解说词:
今天这100响礼炮，昭示着新时代的中国以更加雄伟的身姿屹立在世界的东方。

镜头描述:
移动跟随

机位:
B7

景别:
中景

226-2　7"

画面内容:
正面迎仪仗队行进

解说词:
当年，诞生28年的中国共产党用28响礼炮为新生的共和国奠基；

镜头描述:
移动跟随

机位:
B7

景别:
中景

229　10"

画面内容:
仪仗兵一排

解说词:
正面的升旗仪式即将举行

镜头描述:
切入，固定

机位:
B11

景别:
中景

声音/备注:第九十七声响
备 B14 礼兵方阵

228　10"

画面内容:
仪仗兵特写

解说词:
只有中共产党才能救中国，才能发展中国，才能引领中华民族走向伟大复兴

镜头描述:
切入，固定

机位:
B8

景别:
中景

声音/备注:第九十六声响

227　7"

画面内容:
带仪仗队城楼全景

解说词:
一部中国人民从站起来、富起来再到强起来的历史证明

镜头描述:
切入，固定

机位:
B33/B2

景别:
全景

声音/备注:第九十四~九十五声响

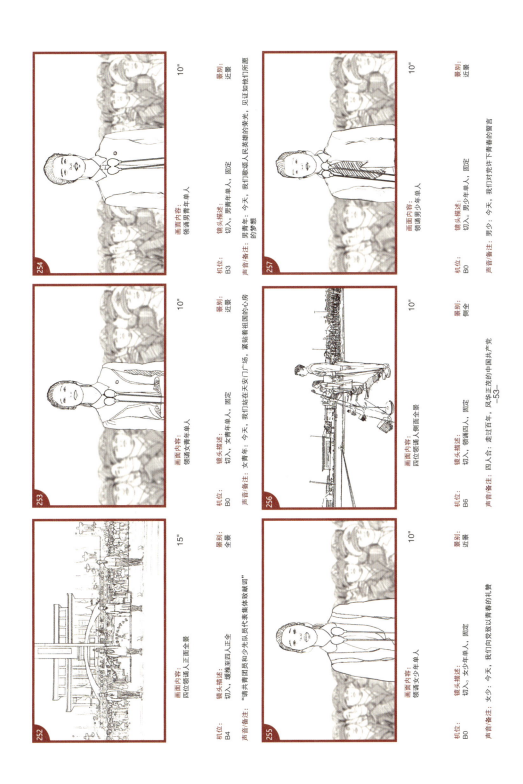

252

画面内容：四位领诵人正面全景

15"

景别：全景

镜头描述：切入，镜推至四人正全

机位：B4

声音备注："请共青团员和少先队员代表集体致献词"

253

画面内容：领诵女青年单人

10"

景别：近景

镜头描述：切入，女青年单人，固定

机位：B0

声音备注：女青年：今天，我们站在天安门广场，紧贴着祖国的心房

254

画面内容：领诵男青年单人

10"

景别：近景

镜头描述：切入，男青年单人，固定

机位：B3

声音备注：男青年：今天，我们歌颂人民英雄的荣光，见证如他们所愿的梦想

255

画面内容：领诵女少年单人

10"

景别：近景

镜头描述：切入。女少年单人，固定

机位：B0

声音备注：女少：今天，我们向党致以青春的礼赞

256

画面内容：四位领诵人侧面全景

10"

景别：侧全

镜头描述：切入，领诵四人，固定

机位：B6

声音备注：四人合：走过百年，风华正茂的中国共产党

−53−

257

画面内容：领诵男少年单人

10"

景别：近景

镜头描述：切入。男少年单人，固定

机位：B0

声音备注：男少：今天，我们对党许下青春的誓言

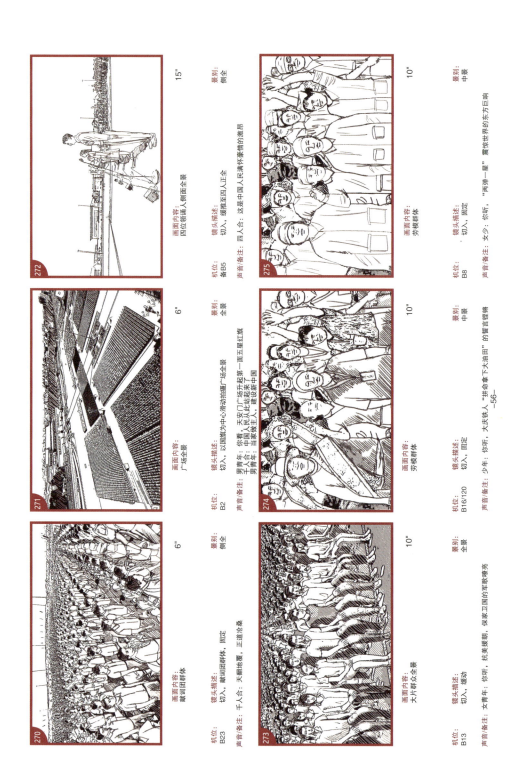

271
画面内容：
广场全景

6"

景别：
全景

机位：
B2

镜头描述：
切入，以国旗为中心滑动拍摄广场全景

声音/备注：男青年：你看，天安门广场升起第一面五星红旗
男青年：中国人民从此站起来了
当家做主人，建设新中国

272
画面内容：
四位领诵人侧面全景

15"

景别：
侧面

机位：
备B5

镜头描述：
切入，缓推至四人正全

声音/备注：这是中国人民满怀豪情的激昂

270
画面内容：
献词团群体

6"

景别：
侧全

机位：
B23

镜头描述：
献词团群体，固定

声音/备注：千人合：天翻地覆，正道沧桑

273
画面内容：
大片群众全景

10"

景别：
全景

机位：
B13

镜头描述：
切入，缓动

声音/备注：女青年：你听，抗美援朝，保家卫国的军歌嘹亮

274
画面内容：
劳模群体

10"

景别：
中景

机位：
B16/120

镜头描述：
切入，固定

声音/备注：少年：你，大庆铁人 "拼命拿下大油田" 的豪言壮语

275
画面内容：
劳模群体

10"

景别：
中景

机位：
B8

镜头描述：
切入，固定

声音/备注：女少：你听，"两弹一星" 震惊世界的东方巨响

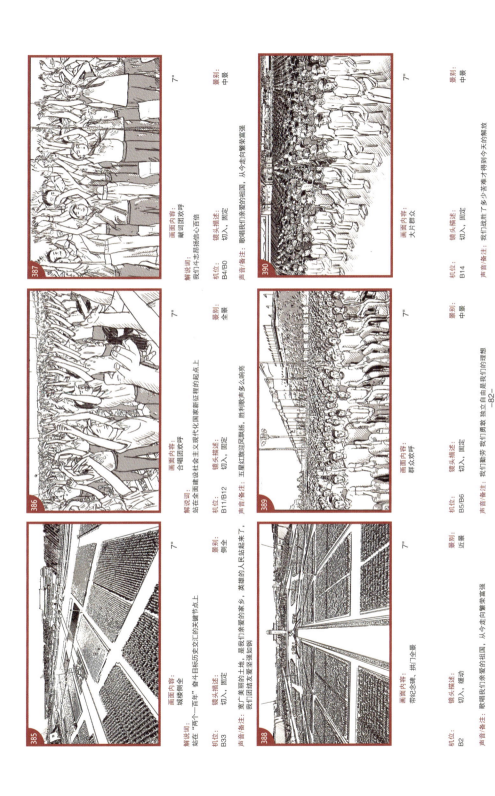

385
画面内容：
城楼侧全

7"

景别：
侧全

镜头描述：
切入，固定

机位：
B33

解说词：
站在"两个一百年"奋斗目标历史交汇的关键节点上

声音/备注：宽广美丽的土地，是我们亲爱的家乡，英雄的人民站起来了，我们团结友爱坚强如钢

386
画面内容：
合唱群欢呼

7"

景别：
全景

镜头描述：
切入，固定

机位：
B11/B12

解说词：
站在全面建设社会主义现代化国家新征程的起点上

声音/备注：五星红旗迎风飘扬，胜利歌声多么响亮

387
画面内容：
献词团欢呼

7"

景别：
中景

镜头描述：
切入，固定

机位：
B4/B0

解说词：
我们斗志昂扬信心百倍

声音/备注：歌唱我们亲爱的祖国，从今走向繁荣富强

388
画面内容：
带纪念碑、拱门全景

7"

景别：
近景

镜头描述：
切入，缓动

机位：
B2

声音/备注：歌唱我们亲爱的祖国，从今走向繁荣富强

389
画面内容：
群众欢呼

7"

景别：
中景

镜头描述：
切入，固定

机位：
B5/B6

声音/备注：我们勤劳勇敢 我们独立自由自在是我们的理想

390
画面内容：
大片群众

7"

景别：
中景

镜头描述：
切入，固定

机位：
B14

声音/备注：我们战胜了多少苦难才得到今天的解放

393
时间：10"
画面内容：气球特殊视角
景别：中景
镜头描述：特殊视角
机位：D

392
时间：7"
画面内容：群众欢呼
景别：中景
镜头描述：切入，固定
机位：B15/B16
声音/备注：歌唱我们亲爱的祖国，从今走向繁荣富强，歌唱我们亲爱的祖国，从今走向繁荣富强

391
时间：7"
画面内容：气球前景的广场全景
景别：全景
镜头描述：切入，固定
机位：B1
声音/备注：我们要和平我们要家乡谁敢侵犯我们就叫他灭亡。五星红旗迎风飘扬，胜利歌声多么嘹亮

396
时间：10"
画面内容：群众欢呼大片
景别：全景
镜头描述：切入，固定
机位：B30
解说词：历史和人民选择了中国共产党

395
时间：7"
画面内容：群众欢呼
景别：中景
镜头描述：切入，固定
机位：B15/B16

394
时间：10"
画面内容："2021" 帝群众·气球
景别：中景
镜头描述：切入，固定
机位：B20

高光时刻
**HIGHLIGHT
MOMENTS**

6

万无一失
每个环节都有预备方案

习近平总书记强调"要建立和规范一些礼仪制度，组织开展形式多样的纪念庆典活动，传播主流价值，增强人们的认同感和归属感"。近年来，党和国家非常重视围绕重大事件、重大节日、重要人物为主题举办纪念庆典活动，如中华人民共和国成立 70 周年庆祝活动、全国抗击新冠疫情表彰大会、纪念中国共产党成立 100 周年庆典等。随着新技术的广泛应用，媒体融合的不断深入，重要的国家庆典仪式可以通过电视、网络等媒体平台，多平台、多维度、全流程地向全世界现场直播，其中中央广播电视总台仍发挥着电视直播得天独厚的优势，专业度与仪式活动的关注度完美融合，传播效果倍增。据统计，新中国成立 70 周年阅兵式直播，央视直播关注度达到 32.04%，市场占有率达到 76.03%。

如何顺应新要求迎接新挑战，既发挥传统电视媒体精湛的直播经验，又根据全媒体传播特点，做好重大活动现场直播的创新，是电视新闻直播研究的全新课题，这对直播前的策划也提出了新的要求。策划的内容要有更丰富的内涵，不仅仅是呈现一场纪念庆典仪式，而是要有思想的创作，表达出举办重大活动的宏大主题。

纪念庆典仪式一般都是提前预知和安排的活动，直播导演团队有充分的时间创新策划、设计直播方案。2019 年为记录中华人民共和国成立 70 周年盛典，中央广播电视总台提前 7 个月组建了 1 000 多人的报道团队，其中前方直接参与人员达数百人，制作出了非常细致且紧扣主题的策划方案。

一场完整庆典仪式活动的电视直播，包括的"直播元素"有：转播车、EFP、卫星车等直播技术设备，总演播室、演播室主持人、嘉宾评论员、编辑导演团队、直播播出团队、视频包装团队、仪式活动现场导演直播团队、现场摄像人员、现场出镜记者、现场主持人等。"直播单元"由总演播室根据仪式活动的流程安排，将整场直播分切成几个播出段落，总演播室与现场不断互动，便于观众根据收视习惯，有张有弛地感受仪式活动现场的氛围。

　　虽然重大活动直播提前做好了各项准备，但是每一场活动现场都有临时突发情况，如仪式流程调整、天气变化、技术设备故障、镜头调度有误等，突发情况会严重影响直播质量，所以一定要制定多种直播应急预案，无论什么情况发生，都可以用最专业的状态面对。

6.1 直播中应急预案不可或缺

重大活动电视新闻直播准备工作最大的特点在于充分做好应急预案，把所有直播过程中可能存在的隐患都要提前想到，建立有效的直播应急机制，制订充分的直播应急方案，用万无一失的方式来对待任何一个重大事件直播。其中不仅要排除节目中的隐患，甚至还要帮助直播的对象改变许多不合理的内容，以便直播过程更安全顺畅。近几年总台直播的"朱日和阅兵""国庆 70 周年""建党百年"等几次重大活动之所以没有疏漏，就是因为每一场重大直播之前都做了充分的应急预案，应急预案中要设想几十个可能会出现的问题，涉及各种可能甚或几乎不可能的极端情况，比如电力中断这种几乎完全不可能的情况，直播应急预案中也要有所考虑。此外，对于各工种的人员，尤其是重要岗位人员，比如总导演、分系统导演、摄影师，直播预案中都必须做到认真的备份。

6.2 应急预案必须穷尽各种隐患

直播前的应急预案必须穷尽一切隐患，像"建党百年"直播的应急预案就涉及了很多方面。在演播室方面，预案中设计了一旦 4K 演播室出现问题，一号演播厅就是 4K 演播室的备用演播室。在系统方面，预案中设计了 A 系统和 B 系统之间出现问题的处理方式，A、B 系统通过重要机位互相备份的方式，确保 A、B 系统都有主要画面，这样，即使 A 系统出了问题，B 系统也能够完成 A 系统最主要的环节，不丢最重要的内容。同样，如果 B 系统出现问题，A 系统会把 B 系统所有的内容接过来。

预案中还有对天气的设计。直播的头一天下大雨，所以第二天能否按照正常时间进行直播，所有的受阅飞机能否正常飞也是未知的，已经预备好的三架航拍飞机能否飞也是未知的，第二天的天气是晴是阴还是有雨也是未知的。因为天气原因导致出现了很多的未知情况，第二天的正式直播怎么开篇？针对这些未知情况，总导演组团队做了五个预案，包括如果没有飞行表演该如何处理，如果没有航拍，开篇该怎么开始，等等。但仅仅有这些预案还是不够的，有预案的同时，还必须要有完整的节目方案。有五个预案，就意味着必须有五个节目处置方案，就是要做到绝对万无一失，不管有什么样的天气，这场直播都必须保质保量出彩完成。

比如，如果因天气原因导致 3 分半飞行表演取消，这 3 分半用什么内容替换？就算 5 秒钟一个镜头，需要重新组织多少个镜头才能把 3 分半替换掉？不可能用一个全景撑 3 分半的时间，那样即使是安全的直播，但肯定无法做到是精彩的直播，所以这 3 分半就得有一个完整的预案。

再比如说整个直播开始时的三个航拍开篇，需要 1 分半时长，航拍长城 40 秒，航拍国贸 CBD 20 秒，航拍南中轴线 30 秒。这三个航拍以空中视角，展现了从远到近、逐步进入核心现场的导演思路，追求的是一种大气磅礴、山河壮阔的境界，也是整场直播的"提气之笔"。一旦航拍没有了，1 分半的时长就要靠其他的固定画面去呈现，这不是一个天安门广场的大全景，或两三个镜头的简单组合就能替换完成的，必须在预案中提前精心设计。

还有天阴有可能下雨，下雨会有雨衰 [1]，导致声音出现问题，微波机位也可能受影响。这些可能出现的情况怎么处置？应急预案都要考虑周全。

---

[1] 雨衰，是指电波进入雨层中引起的衰减。它包括雨粒吸收引起的衰减和雨粒散射引起的衰减。

　　再有一个就是镜头之间的互为备份。如果3分半飞行表演没有了，在天安门城楼附近的其他高点的机位，应该怎么给广场系统来备份，这就是预案中要考虑的。另外，特种设备索道摄像机"天琴座"和"天鹰座"如果有了问题，高点机位应该怎么给它们补救，在分镜头脚本里面也要提前备注。所以摄像不是说只拿着一个摄像机、只拍一个全景，而是在全过程中都要随时提供可用的有效画面。这些机位都是互为备份的，而能否实现备份，就是在一次次演练中发现的，只有一点点地去推演，把可能出现意外的事情想到，一旦这个情况出现，立刻就能清晰明了地用针对性的方法去解决。只有应急预案完备清楚，直播才有最保险的安全系数。

关键词 14：备份镜头

　　备份镜头无论是在正式直播方案还是应急预案中，都是一个重要环节。备份并不是简单的应急准备，不能是万能镜头，而是需要与正式的直播创作一样，去精心设计应急使用的内容，这些内容还必须和重大活动的整个流程相匹配，一旦使用必须做到衔接有序完整，不漏瑕疵。

　　备份镜头跟正式设计的镜头分量是一样的。一方面，在直播过程中，随着仪式的进行，备份镜头也要做同步设计。比如此时已经进入室内部分，备份镜头不能还是在室外的。再比如此时已经转播到空中部分，备份镜头不能还是看地面的景物。备份镜头要随着叙事的时间线同步跟进设计，这样的备份镜头才是有效的。另一方面，备份是给正常直播出现紧急状况时排忧解难的，不能因为备份设计的不合理，让直播急上加急。备份镜头经导演授权要牢牢掌握在切换岗位的手中，并谨记它的用法、用处。无论直播当中的画面有多精彩，也要时时记住，当屏幕一旦有不安全因素或有任何不好的情况发生时，就要条件反射式地启用备份镜头，这是因为安全播出是整个直播的生命线。

　　对重大活动电视新闻直播来说，直播精彩的机会只有一次，没有再重复的可能，整个直播过程中不能有一丝的失误，这就要求从最开始的策划

到实际演练之后，对直播过程中可能涉及的必要镜头、关键镜头，通过多次实际演练，反复进行组合复盘，验证镜头在直播全过程中的安全性、逻辑性和艺术性。必须反复验证镜头的构想和组接是否达到预期，这是整个直播创作很重要的一方面。

镜头验证主要有三方面的工作要做：第一层验证是查看灯光、音响、背景板、人的站位等现场的布置是否合理，找出问题，下一步做哪些调整，主要是确保镜头在表现和表达基础之上不穿帮。第二层验证是查看镜头的各种组接能否足以表现活动现场和表达情感，能把整体活动说清楚，能把直播中的主体塑造好。第三层验证是查看镜头语言能否表现好直播想要表现的主题，通过反复演练和复盘，不断推演组合镜头，做细节调整。

直播笔记
镜头验证

镜头验证，主要是验证镜头在直播全过程中的安全性、逻辑性和艺术性。镜头验证主要做三方面的工作：查看灯光、音响、背景板、人的站位等等现场的布置是否合理，找出问题，确保镜头在表现和表达基础之上不穿帮；查看镜头的各种组接能否足以表现活动现场和表达情感，塑造好直播主体；查看镜头语言能否表现好直播想要表现的主题。

关键词 15：始终可用

　　直播系统中每个机位的摄影师必须具备一种品质：系统切到这个机位的时候，你的镜头是有准备的；不切到这个机位的时候，镜头依然是有准备的。要时刻保持状态，确保整个系统时时安全可用。

想要共命运，就得同呼吸

　　有一次阅兵直播的时候，D系统 14 个机位都是单机，没有系统，极有可能会面临通信有问题、导播叫不到某一个机位的险情。这个时候就必须要求所有摄影师全程保持状态，除了自己的镜头内容，还要知道其他人的镜头内容。到该做动作的时候，即便听不到口令，也要完成自己的动作。"始终保持可用状态"既是一种职业素质，也是节目直播方案不可或缺的要求。

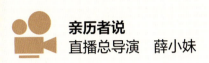

亲历者说
直播总导演　薛小妹

　　我感悟最深的就是技术团队必须进到导演团队里，才能够发挥技术的长项。如果纯搞技术，不懂节目需求，就没有办法做好直播。我们懂技术，又知道导演组需要什么，就可以告诉节目导演我还有什么技术手段。我们心里要清楚有什么技术手段可以提供给节目使用，同时也知道对方的需求，有什么样的技术手段可以实现节目导演需要的效果，把技术手段用于节目，二者之间无缝衔接。

　　我觉得平常不能离开一线，这一点很重要，如果没有日常一线制作播出积累的功底，到直播的时候也不行。因为我是技术口的，就要想到技术的备份，对于节目来说，出现问题要求我备个镜

头，我备什么？这也是有讲究的。应急镜头也不能跳轴，不能"双眼皮"，不能在直播的时间线上随意插别的镜头，这些在应急本上都要写明白，提前做好案头准备工作，防止各种突发事件出现，同时，想好最后的退路、底线在哪？永远比别人多想一些。

按照直播章节段落的故事性，每一个安全镜头也是有故事性的。当这个镜头被替换出来的时候，不能让大家一看感觉是切错了，要让大家觉得安全镜头也是有故事性的。在设计安全镜头的时候，每个段落是不一样的，要考虑它对整体故事叙述的把控。比如，人都进了人民大会堂里开会，你给一个人民大会堂外景当安全镜头，这是有问题的。所以这个备份的镜头对我们来说每个段落都要有，不是统一的。镜头呈现出来的东西，可能都不到准备的1%，但是为了呈现这1%的精彩，就要做到百分之百的努力。备份镜头一定要准备得特别充分，才能达到这个积累的效果。

安全播出是我们的生命线，大型直播不管你做得多好，一旦出现事故那就等于零，作为一个技术系统的人员来讲，我的职责就是保证直播的安全。用我们技术的话来说，别为了应急，使大家更着急了，你应急错了就是更着急，要想好遇到急该怎么做，不能给急上再加急。大活动直播就是要把这些日常有丰富经验的人聚在一起，发挥各自的专长。我平时就是干技术的，到直播的时候，我就可以发挥技术的特长。

所以第一个不能离开一线，第二就是要发挥各自的特长，通过节目看到技术，技术的一些优势也能展现出来。直播中的各个专业要互相融合，我们就是干"抹缝"的，意思是作为技术导演，必须是技术系统里最懂节目的，而内容导演要做到节目系统里最懂技术的，内容和技术两边要知己知彼，方能百战百胜。我们一直说思想＋艺术＋技术，光有技术，体现不了艺术，光有艺术，没有技术手段，没有节目去体现，精彩的节目效果也出不来。

6.3 设置安全镜头是应急的必要手段

直播方案中设置高角度的全景安全镜头是应急的必要手段。像"建党百年"直播中就专门设置了一个45米高的高角度全景安全镜头，这个镜头可以确保在任何时候都可以使用，而且无论怎么用都不会出错。需要强调的是，安全镜头是预案中的底线思维，是直播能够顺利安全播出的底线保障。安全镜头和应急备份还是有所区别的。

⬥ 　　高角度的全景安全镜头

此外，应对重大活动直播中的突发情况，还可从以下两方面入手：

其一，发挥好总演播室的调控作用。遇到现场流程改变和突发情况，导演应切回总演播室，画外解说的主持人要在解说词导演的指挥下更改总解说词，演播室的主持人和嘉宾也要准备多套应急访谈内容，随时做好从直播现场回到演播室、待前方恢复正常后再次回到直播现场的准备。

其二，排查故障，灵活应对。为应对直播时设备出现故障（多次直播说明，这还是非常有可能出现的），直播前应多次排查现场设备，设备、技术、人员都要有备份（类似摄影师突发急病、长时间暴晒导致中暑，这些情况都要提前考虑）。一旦突发情况发生，现场导演要及时与总播控、总演播室和总导演对接，灵活处置。

关键词 16：动态调整

在重大活动电视新闻直播的过程中，要及时捕捉发现直播现场跟前期方案不同的变化或者亮点，根据前期反复演练的各种预案和组合，以更利于电视新闻直播的展现，更利于直播现场元素的塑造，更利于直播现场氛围的呈现，迅速调整，以达到直播的最佳效果。

重大活动电视新闻直播即使做好了万无一失的各种准备，但毕竟面对的是直播现场，随时有可能发生各种突发情况，也有可能会出现比原方案更好的呈现内容，这都需要快速及时的反应处理。

直播中的动态调整最主要的是心理素质要好。其次，需要带着新闻性的视角去做重大活动电视新闻直播，因为临时动态调整必须能够发现新闻点，然后在瞬间做出判断和决定，这也是建立在之前多种方案的演练和组合基础上的，而不是到了现场，一看突发情况一拍脑袋说要调整。这个调整是根据现场状况马上反应之后，启用预案中的镜头组合、声音塑造、光线、背景等等。

动态调整对心理素质、沟通能力，还有整个直播团队的配合度都有很高的要求。像授勋活动的直播中，当张桂梅进门的时候，直播团队发现她那双贴满膏药的手很有特点，有故事，有表现力，就用了一个最利于展示她手部特点的机位来表现，包括授勋过程中一些老兵自发的敬礼，这些都是现场的临时调整。虽然最初直播设计、推演的时候想不到最终可能会出现的情况，但针对所有这些可能情绪积累到一定程度爆发的环节，都做好了各种组合的准备，所以提前做好备案，专门布置机位对着张桂梅和老兵群体，一旦直播中有变化就能第一时间知道用什么样的景别，这就是提前的预判。这种临时的动态调整要做得天衣无缝，原则上都是紧密地围绕直播主题的表现提前做设计。

6.4 直播"新武器"：仿真系统

重大活动电视新闻直播是一个庞大的系统工程，即使非常有经验的导演、摄影师也不可能在直播前完全勾画出直播的全貌，不能预判即将发生的现场全部的真实情景。尤其是在前期策划准备阶段，直播实际场地最多允许提前几天布设，所以每一个摄像机的拍摄效果没人能打包票，而各工种各系统在直播前必须统一认识，统一对内容的理解——小到一个摄影景别，大到一个系统的机位布局，都需要所有人有统一的预判。仿真技术的发展让"直播前看到直播效果"成为可能，解决了直播团队成员在创作阶段无法想象一致的问题。仿真系统可以输入地理位置、方向、面积、体积、光照、摄像机焦距等所有技术参数，包括机器架设高度、间距，拍摄对象距离，设备类型（广角、长焦、摇臂等），所有要素齐全后，通过仿真系统进行模拟，就能真实模拟出拍摄效果，最后形成分镜头脚本。这样可以让创作团队少走很多弯路，效率大大提升。在"国庆70周年"直播中，中央广播电视总台在活动主办方仿真系统的基础上，直播团队自主研发，叠加直播机位进行建模，对机位设置的合理性进行了验证，对拍摄效果进行了预览，以具有实地架设可能性的真水平角、真垂直角、真运行轨迹的机位进行"真仿真"，最大限度地接近了现场的真实效果。

举例来说，分系统 D 系统的所有机位先期都是基于仿真系统设计出来的：在什么样的角度放一个什么样的机位，能够拍到什么样的镜头。如果队伍的总长度是 2.5 公里，不可能每个方队前面都放一个摄像，而是第一个放了机位和摄影师，可能第三个队伍再放，第六个队伍再放。这是因为有一个表现主体，这个过程中不能一直拍战士的特写，也有可能要去拍一些行进的镜头，这就有一个分配比例的问题，几件事同时在进行，所以就不可能每一个方队前面都有机位。这些机位怎么才能更合理，只有靠直播前反复的演练和打磨来确定。

但是在直播准备阶段，并没有一个真正的 2.5 公里排练好的战士和装备车队伍可以供直播团队演练直播效果，那么这时就要靠仿真系统搭建出一个基本的架构，依托这个架构去演练和一步步优化，做到有的放矢。

"国庆 70 周年"直播时，直播仿真系统还比较初级，到 2021 年"建党百年"直播时，仿真系统更加完善，从前期准备时就参与进来。

可以说仿真系统对现场细节的了解比直播团队里每一个单独的成员掌握的更多。

🔺 **仿真系统模拟直播画面效果图**

基于这个系统，直播团队先期在对现场还不了解的情况下，把镜头放进去建模，基本还原了真实的现场，比如系留装置借助端门的高度，在端门的西墙或者东墙升高多少米才能够真正看到巍巍巨轮的设计和天安门城楼，才能够呈现最漂亮的镜头？受天安门地理位置的限制，摄影师不可能真的提前升起几十米的高度来测试效果，只能依靠仿真系统来实现。仿真系统让没有演练也能够呈现直播效果成为可能。

以下为一组仿真系统模拟直播画面和实际直播画面的对比图：

仿真系统模拟直播画面效果图与实际直播画面对比
（左为模拟效果图，右为实际播出画面）

高光时刻
**HIGHLIGHT
MOMENTS**

7

直播开始啦

"世界一流，历史最好"炼成指南

　　如今，远程办公、线上办事、网络购物越来越普及，网络直播、直播带货随之兴盛，特别是直播类的网络节目方兴未艾。在这样的新媒体环境下，电视新闻直播节目如何适应新的全媒体时代要求，做到"世界一流，历史最好"，的确需要在掌握基本操作手法的基础上进一步创新：在内容上，充分发挥传统媒体在机位布局、镜头设计等方面的专业优势，加强节目的权威性、可视性；在形式上，通过与新媒体融合创新，丰富传播手段；并运用新技术，探索将 5G 新技术等运用在直播之中，赋予电视新闻直播新的内涵。

世界一流，历史最好

每场典礼式直播的终极目标

理念

激情

行动

典礼式直播成功的关键要素

7.1 玩转机位的布局

因为直播不能重来，所有的操作者都必须要明白每一个镜头的设计，并且能保质保量地完成。另外就是操作的安全规范、摄影师的走位、摄影助理如何护卫，都要考虑清楚，形成规范，反复磨合。直播中每一个镜头的呈现就一次机会，要确保百分之百成功。

关键词 17：规范与设计

　　机位设计的规范、操作使用的规范非常重要。在重大活动直播中，重要机位设置保持一主一备，所有的移动拍摄车辆都配备有摄影助理，包括备用人员在内，各工种要保证有非常专业、训练有素的职业素养，可以随时替补。

　　机位设置是重大活动电视新闻直播中的重要一环，也是直播最终呈现效果能否精彩的重要基础。要根据直播内容中的细节和活动来设计机位，需要多少机位就是多少机位。机位不是越多越好，经验和教训证明：恰到好处才是最好的。也就是说，如果机位少了，对事情的表现就会受影响。但是如果多了，会让直播调度中手忙脚乱，也容易引发混乱。

　　合理设置机位对现场画面的表现有着决定性的作用，机位的合理运用决定着直播中的叙事和镜头形式，直播中的多机位设置是必不可少的。对于观众来说，现场直播最重要的特点是可以多视角、多侧面、全方位和全过程地了解事物的全貌。多机位拍摄能保证从不同角度、不同方向对现场事物进行全方位的展现。不过由于机位众多，在拍摄时就会产生一些问题，影像的叙述从单一的角度变成了系统化的叙述，需要对摄像机机位进行有效的控制和调度。

机位拍摄前的准备

拍摄距离　　　　拍摄方向　　　　拍摄高度

一、拍摄距离

机位拍摄点与拍摄对象的距离。根据镜头不同的焦段，以及所希望呈现出的画面（全景、中景、近景、特写）来确定拍摄距离。

二、拍摄方向

以被摄对象为中心，在同一水平面上围绕被摄对象四周选择摄影点。在拍摄距离和拍摄高度不变的条件下，不同的拍摄方向可展现被摄对象不同的侧面形象，以及主体与陪体、主体与环境的不同组合关系变化。拍摄方向通常分为正面角度、斜侧角度、侧面角度、反侧角度、背面角度。

三、拍摄高度

机位拍摄距离、方向不变，拍摄点的高度变动导致画面的视平线发生变动而产生仰拍和俯拍。

在"国庆 70 周年"直播中共使用了超过 100 台摄像机，数量创历史新高，其中有线讯道机 66 台，ENG 摄像机超过 15 台，索道摄像机系统 2 套，航拍 2 套，POV 及微型摄像机超过 27 台。相比之前的直播，这一次直播使用的摄像机全部为新机型，且全部实现了 4K 化。

机位设置

　　机位设置是重大活动电视新闻直播中的重要一环，也是直播最终呈现效果能否精彩的重要基础。要根据直播内容中的细节和活动来设计机位，合理设置机位对现场画面的表现有着决定性的作用。机位的合理运用决定着直播中的叙事和镜头形式，电视新闻直播中常用的机位设置形式有：固定机位（定点机位）、游动机位、高点机位、特殊机位。

一般来说，一场电视新闻直播中既要设置固定机位（定点机位），也要安排游动机位。固定机位是在离被拍摄对象一定距离的位置设定的固定不动的摄像机机位。近距离定点机位用于拍摄被摄对象的外表、表情、语言、动作等具体信息。远距离机位用于展现新闻事件发生的场景环境等较为宏观或抽象的信息。游动机位是能够跟随拍摄对象的行进而移动的摄像机位。根据特殊的拍摄需要还可使用吊臂、移动轨道等设备，力求做到机位视角的创新。

机位设置形式

固定机位（定点机位）　　游动机位　　高点机位

特殊机位

一、固定机位（定点机位）

以拍摄重大活动现场各项具体内容为主，摄像机与活动中事物主体距离较近，直播中基本上不能再调整其他用途。

二、游动机位

指在活动现场进行流动式拍摄，描述细节、丰富镜头设计的非固定机位。

三、高点机位

占据活动现场制高点，主要用于展示场面、说明场景间各种空间关系，或作为过渡镜头使用。

四、特殊机位

利用各种特种设备，架设在非常规场合，一般用于特殊视角的展示。

7.2 镜头的选择艺术

在重大活动电视新闻的直播中，镜头的选择和设计关系到整场直播报道的质量和传播效果。在确定了必不可少的关键镜头后，要从构图选择、细节捕捉、角度设计等方面考虑镜头切换、背景选择、全景展现等，需要直播导演团队和机位摄影师对整个活动流程共同形成高度的统一认知和操控。直播并不是对现场和活动流程的简单罗列和呈现，而是需要将现场的最新情况全面、客观、真实、生动地展现给观众。所有的环节都需要直播团队进行精心设计。

电视新闻直播中的镜头设计与电影或者经过剪辑的视频完全不同，电视新闻直播讲究现场感和与重大活动新闻现场的同步性。如何通过镜头切换来捕捉稍纵即逝的、有价值的新闻画面，需要导演提前反复推演和摄影师在现场敏锐地观察，并通过多镜头切换及时呈现。

电视新闻直播要想讲好重大活动的主题故事，必须灵活使用远、全、中、近、特等不同景别的镜头切换，以及推、拉、摇、移等运动镜头，对现场的每个关键点进行生动的描述，要通过镜头创意设计、序列构建等，呈现重大活动现场中不同事物间的情绪、情感等，从而形成打动人心的视觉效果。

关键词 18：导演要变成事件本身

导演在直播创作中必须设身处地地去看、去感受整个直播活动的现场和内容，这就要求导演具有很强的代入感，以直播中的本体视角去设计镜头，成为事件本身的一部分。

在直播过程中，一些重要环节的相互呼应需要导演自己在完整的线路中去发现规律，这让导演亲身体会现场的主观发现，也让分系统导演更精准地掌握下口令的时间，一般会向前提两秒，这样确保镜头呈现的完整性、准确性。这时候也要有导演助理来提示，或者通过现场人的口令、标志性景物的出现等作为下切换口令的重要参考。

要在固定的活动时间线内尽可能多地完成镜头设计，尽可能多地丰富现场细节，要注意其中的逻辑关系，比如事物在组合上是否一致、搭配上是否协调、前后画面是否存在关联性等。此外，还要考虑画面节奏是否紧凑、对现场环境的交代是否清晰、对新闻主题的表达和延伸是否到位。有感染力的精彩镜头不需要配音，就可以让人感受到一种力量。比如空中的镜头，一个飞行员的臂章，透过臂章视角拍出飞机窗外，看飞行梯队里的飞机拉烟，这样的镜头非常难得，它自身就带有一种感染力，带有情绪。

○　"建党百年"升国旗时，礼兵敬礼与身后党徽同框画面

其实一场直播几个小时下来，镜头数量是非常庞大的，不可能做到每一个镜头都尽善尽美，所以要把主要精力放在一些关键镜头上，比如，天安门升旗，日常做过很多了，拍摄的角度早已成固定经验。在"建党百年"直播的时候，同样的场地，怎样才能表现出"建党"的含义？最后找到了礼兵敬礼背后是金灿灿的党徽这个镜头，这个关键镜头设计也成为一个经典的镜头，后来在各种宣传片中被反复使用。

关键词 19：关键镜头

　　关键镜头是指完整呈现重大活动全流程必不可少的、同时可以表达创作者观点的、经过精心设计的镜头。关键镜头既是保障重大活动直播顺利呈现的基础，也是合理设置机位、设计系统搭建的前提。关键镜头和经典镜头之间的协调与取舍体现了直播的创作思路。

什么是重点中的重点？

我们不打无准备之仗，每个镜头都得有准备、有设计、有备份

　　重大活动电视新闻直播通常具有可预见性，有一定的准备时间。调动直播团队的智慧集成创作、设计、调度并切换好每一个直播镜头，尤其是打造一些别具匠心、独特出彩的关键镜头，是提高重大活动直播专业水平的有效手段。例如，每次活动的大全景必是一个关键镜头，它的镜头设计的第一要务是确定一个合适的制高点：能够一览无余地拍摄出重大活动新闻现场的全景。

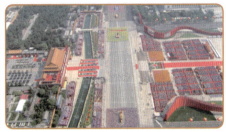

🔺　重大活动电视新闻直播中的关键镜头

关键词 20：大全景相对性

大全景是直播中最不可少的关键镜头，可以揭示直播发生地的典型环境，展现活动的场所、人物、规模；表现场景内所有人、物、景之间的关系，还可以随时随地提供直播备份的安全镜头。

随着新直播技术和设备的使用，直播中的大全景已突破传统的固定景别，形成了二维可移动的景别范围，可以在上下左右较大范围内扩展镜头的边界。

　　大全景在直播中通常有两个作用：交代环境、安全备份。经过优化机位设置的大全景能让直播水准有质的提升。大全景可以展现更大范围内人与环境的关系，人与人、人与环境的关系格局更加明晰。在一个直播场景中，确立位置关系是最重要的，必须让观众大致明白他们在哪里，这是什么样的地方，物体与人物之间的相互位置关系如何，这有助于观众建立方向感。受制于技术与设备，过去的大全景一般都是由直播场地内固定高点机位承担，所呈现的画面只能是固定镜头的单一画面，镜头设计的创作空间有限。而"国庆70周年"直播中的索道摄像机"天鹰座"带来移动大全景的全新镜头设计，不仅实现了从固定到移动的转换，而且镜头囊括交代的现场信息更为丰富、更为清晰立体。

　　◌　　摄影师调试拍摄大全景的摇臂摄像机

"国庆 50 周年"固定大全景（上图）和"国庆 70 周年"移动大全景（后三图）对比

关键词 21：镜头选择

　　电视新闻直播中的镜头选择不只是对活动现场的简单呈现，更是带有创作思考的主动选择。其前提是不能偏离叙事主线、偏离新闻现场。

　　镜头选择既要做好前期安排和准备，也要做好现场的即兴选择。

镜头选择原则

多角度、多侧面地呈现   及时捕捉突发场景

一、多角度、多侧面地呈现

为了更加突出现场人物主体或某些画面场景，摄影师以特写镜头、大全景镜头、推拉镜头等作为表现手法，完成多角度、多侧面的画面呈现效果。

二、及时捕捉突发场景

根据活动现场偶发情况需要，对镜头进行选择。如在"国庆35 周年"庆典上，游行人群中突然打出了"小平您好"的字幅，摄影师迅速捕捉，导演及时切出，获得意外好的效果。

关键词 22：空白时间

在重大活动关键环节中，现场调度和电视直播两者之间往往会产生空白点。比如说，电视直播已经开始，但现场仍处于静默状态，这时只能依靠直播团队运用镜头细节，对空白的时间进行创作和填满。这段时间经过创作和设计，反过来可以对正在发生的重大活动进行评析和注解，扩大直播的信息量，丰富屏幕效果，增强直播的感染力。

重大活动直播的时间基本是固定的，在长达几个小时的时间内，新闻直播必须忠实地播出当时正在发生的现场活动，除去这些必不可少的活动流程时间，直播团队能够自由创作的空间并不多。重大活动进展中总会有一些相对简单的程序，如果很长时间只有一个场景、相似的画面，就不利于电视表达，进而影响传播效果。直播中还有一些象征意义极强、又难以用解说去评述的内容元素，也需要借助镜头语言来展现；如果只用一个万能的大全景去支撑，则会显得单调且非常尴尬。所有这些被我们称为"被动留白"的时间都需要进行及时的直播创作。怎样合理利用这些缝隙，将情绪镜头、特殊视角、现场声效、音乐以及更多的细节……合理穿插、巧妙稀释拉长，是非常讲究的，这是考验直播团队创作能力、确保直播精彩的关键。

富有创造力的想象和专业的表达相结合，才能设计出完美的镜头。比如受阅部队接受完检阅，战士们列队、跑步、登车这种细节，在"国庆50周年"时就没有表现，7分多钟镜头一直是军乐团的演奏。而"国庆70周年"因为对这段内容的创作，镜头分切产生了意想不到的效果。因为登车其实是很短的一个过程，大概1分多钟就全部完毕，要展现的规定动作就做完了。但是这一段过程留出的时间是将近7分钟，这个时候就需要把剩余5分钟填满。填满的方式可以通过展现细节，比如一队队战士跑到指定位置、登车画面、系安全带、透过战车反光镜取景等，来填补仪式衔接过程中的空白部分，让直播画面更加生动、丰富。在"国庆70周年"阅兵的直播创作中，先精选出全套必须出的登车动作，包括整队、上车、系安全带等细节表现，然后在每一个必须要出的关键动作镜头前后，挑选出可以插空的好镜头。

受阅完留白时间镜头创作

特种设备在这个过程中能发挥非常重要的作用，总系统通过抓取特殊设备镜头填补到主时间线上，让直播变得更加生动。在这个过程中很多镜头就成为经典镜头。必须注意的是，要做好各种预案，不能用上百个机位搞临时性的创作，各系统之间要服从大局，把细节磨合透，再按部就班地去做。

"国庆70周年"阅兵直播中对空白时间的创作

（分镜头脚本和直播画面对比）

279

开始时间：
10:34:35AM

机位：
D11开

声音备注：合唱《请你检阅》

画面内容：
装备方队人员跑步集结

镜头描述：
切入，索道摄像机向天安门方向，看两栖突击车发动，固定。

景别：
大全景

8"

280

机位：
D8

声音备注：合唱《请你检阅》

画面内容：
坦克方队发动

镜头描述：
切入，斜侧拍摄坦克纵向压缩，固定。

景别：
中景

6"

281-1

机位：
D0

声音备注：合唱《请你检阅》

画面内容：
武警方队跑步集结

镜头描述：
切入，拍摄车自向前全景跟拍武警方队跑步集结，横摇至几排士兵，之后拍摄车加速并超越方队，镜头向后摇至车尾，见远处长安街纵来。

景别：
侧全

25"

3 武警方队跑步集结 a

2 坦克方队发动

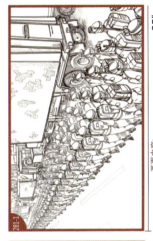

1 装备方队人员跑步集结

16"

画面内容：
人员整队跑步

镜头描述：
切入，方队跑步纵深，固定。

景别：
中景

机位：
D12

声音/备注：合唱《请你检阅》口令声："1、2" 和跑步声

10"

画面内容：
车辆反光镜中人员跑步

镜头描述：
切入，拍摄车辆反光镜，镜中人员跑步与背景人员跑步交辅，固定。

景别：
特写

机位：
D15

声音/备注：合唱《请你检阅》

6 人员整队跑步

5 车辆反光镜中人员跑步

4 武警方队跑步集结 b

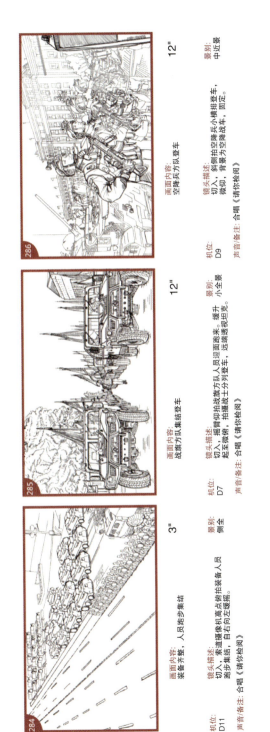

画面内容：
装备齐整，人员跑步集结

3"

景别：
侧全

机位：
D11

镜头描述：
切入，索道摄像机高点俯拍装备人员跑步集结，自右向左缓摇。

声音/备注：合唱《请你检阅》

画面内容：
战旗方队集结登车

12"

景别：
小全景

机位：
D7

镜头描述：
切入，摇臂仰拍战旗方队人员迎面跑来，缓升起至微俯，拍摄战士分列登车。

声音/备注：合唱《请你检阅》

画面内容：
空降兵方队登车

12"

景别：
中近景

机位：
D9

镜头描述：
切入，斜侧拍空降兵小横排登车，微俯，背景为空降战车，固定。

声音/备注：合唱《请你检阅》

7 装备齐整 人员跑步集结

8 战旗方队 集结登车

9 空降兵方队登车

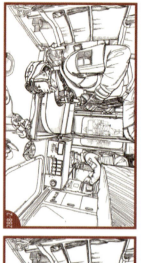

8"

画面内容：
抢修车内部拍摄人员登车

镜头描述：
切入、车辆内部正对车门拍摄人员登车、进入车辆、固定。

机位：
D7

声音/备注：音乐《请你检阅》车门声、脚步声

12 抢修车内部拍摄人员登车 b

11 抢修车内部拍摄人员登车 a

画面内容：
驾驶舱内拍摄登车

机位：
D16

景别：
侧全

镜头描述：
切入、副驾驶位置向左右侧拍摄人员登车。固定。《请你检阅》

声音/备注：合唱《请你检阅》驾驶员口令："3号明白"

10 驾驶舱内拍摄登车

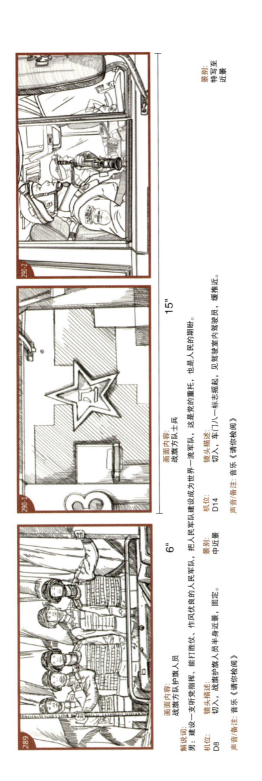

景别：特写至近景

15"

画面内容：
战旗方队士兵

解说词：建设一支听党指挥、能打胜仗、作风优良的人民军队，把人民军队建设成为世界一流军队，这是党的重托，也是人民的期盼。

镜头描述：切入，车门八一标志摇起，见驾驶室内驾驶员，缓推近。

机位：D14

声音备注：音乐《请你检阅》

6"

画面内容：
战旗方队护旗人员

解说词：男：建设一支听党指挥、能打胜仗、作风优良的人民军队，

镜头描述：切入，战旗护旗人员半身近景，固定。

机位：D8

景别：中近景

声音备注：音乐《请你检阅》

15 装备驾驶员集结完毕 b

14 装备驾驶员集结完毕 a

13 战旗方队士兵

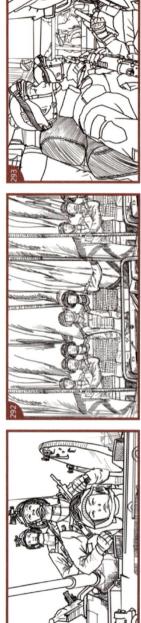

291

画面内容：
空降兵战车人员就绪

解说词：
女：整齐的方阵，展现了共和国钢铁长城的时代风貌；镌刻的誓言，传递了全军将士对绿主绿的信赖拥戴；
男："关山飞渡"的新征程，离不开至高望远的领路人，坚持以……，做到"两个维护"，贯彻军委主席负责制，全军官兵在政治上高度自觉、行动上高度自觉。

镜头描述：切入，车下仰拍士兵三人带炮手，固定。

机位：D10

景别：中近景

声音/备注：音乐《请你检阅》

6"

292

画面内容：
战旗方队集结完毕

继续以习近平强军思想，深入贯彻习近平新时代中国特色社会主义思想为指导，增强"四个意识"，坚定"四个

镜头描述：切入，战旗方队自左向右，横摇

机位：D8

景别：小全景

声音/备注：音乐《请你检阅》

35"

293

画面内容：
驾驶员、副驾驶员一排

坚定"四个目

镜头描述：切入，车外平拍驾驶员和副驾驶员，固定。

机位：D14

景别：近景

声音/备注：音乐《请你检阅》

6"

16 空降兵战车人员就绪

17 战旗方队集结完毕

18 驾驶员、副驾驶员一排

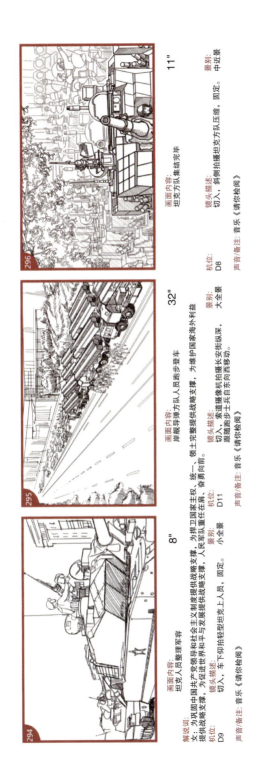

296
画面内容：
坦克方队集结完毕
镜头描述：
切入，斜侧拍摄坦克方队压缩，固定。
机位：D8
景别：中近景
声音/备注：音乐《请你检阅》
11"

295
画面内容：
岸舰导弹方队人员跑步登车
领土完整提供战略支撑，为维护国家海外利益、领土完整提供战略支撑，统一、备勇向前。
镜头描述：切入，索道摄像机拍摄长安街纵深，跟随跑步士兵自东向西移动。
机位：D11
景别：大全景
声音/备注：音乐《请你检阅》
32"

294
画面内容：
坦克人员整理军容
解说词（女）：为巩固中国共产党领导和社会主义制度提供战略支撑，为捍卫国家主权、提供战略支撑，为促进世界和平与发展提供战略支撑，人民军队重任在肩。
镜头描述：切入，车下仰拍轻型坦克上人员，固定。
机位：D9
景别：小全景
声音/备注：音乐《请你检阅》
8"

21 坦克方队集结完毕

20 岸舰导弹方队人员跑步登车

19 坦克人员整理军容

开始时间：
10:38:50Am

画面内容：
空中梯队起飞一组

画面内容：
徒步方队列队待发

32"

景别：
饱满的
中景至
小全景

解说词：
男：刚刚接受了统帅检阅的徒步方队现在已经调整完队形，驾驶车辆和操作装备的官兵也已经进入自己的战斗岗位。

机位：
D0

镜头描述：
切入，拍摄车自领导指挥方队起纵向三军仪仗队方向移动，之后，拍摄车移动至三军仪仗队队头开始横移，旗手和三面旗入画，见徒步方队饱满纵深。

声音备注：音乐《请你检阅》D系统关门

24 空中梯队起飞一组

23 徒步方列队待发 b

22 徒步方列队待发 a

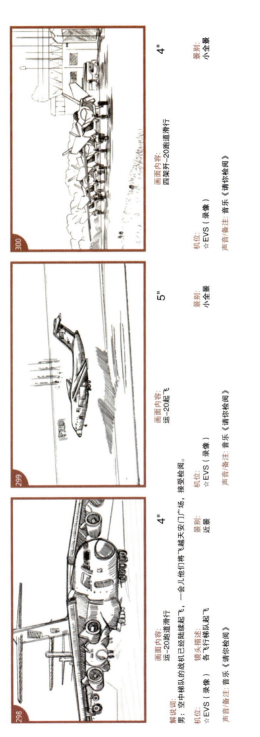

画面内容：
四架歼-20跑道滑行

4"

景别：
小全景

机位：
☆EVS（录像）

声音/备注：音乐《请你检阅》

画面内容：
运-20起飞

5"

景别：
小全景

机位：
☆EVS（录像）

声音/备注：音乐《请你检阅》

解说词：
男：空中梯队的战机已经陆续起飞，一会儿他们将飞越天安门广场，接受检阅。

画面内容：
运-20跑道滑行

4"

景别：
近景

镜头描述：
各飞行梯队起飞

机位：
☆EVS（录像）

声音/备注：音乐《请你检阅》

27 四架歼-20 跑道滑行

26 运-20 起飞

25 运-20 跑道滑行

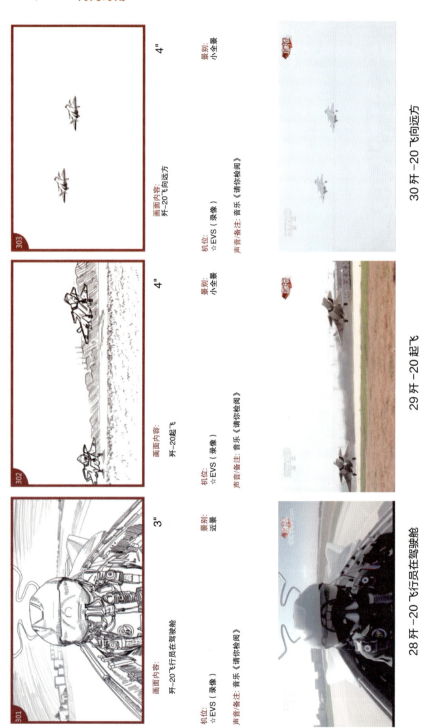

301

画面内容：
歼-20飞行员在驾驶舱

3"

景别：近景

机位：☆EVS（录像）

声音备注：音乐《请你检阅》

302

画面内容：
歼-20起飞

4"

景别：小全景

机位：☆EVS（录像）

声音备注：音乐《请你检阅》

303

画面内容：
歼-20飞向远方

4"

景别：小全景

机位：☆EVS（录像）

声音备注：音乐《请你检阅》

28 歼-20飞行员在驾驶舱

29 歼-20起飞

30 歼-20飞向远方

304

画面内容：
空警-2000跑道滑行

景别：近景

4"

机位：☆EVS（录像）

声音/备注：音乐《请你检阅》

305

画面内容：
空警-2000机尾G-Pro

景别：特写

3"

机位：☆EVS（录像）

声音/备注：音乐《请你检阅》

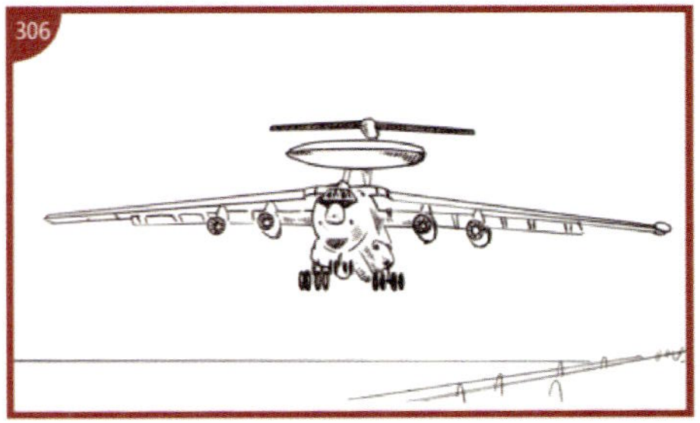

306

画面内容：
空警-2000起飞

景别：近景

5"

机位：☆EVS（录像）

声音/备注：音乐《请你检阅》

31 空警-2000 跑道滑行

32 空警-2000 机尾 G-Pro

33 空警-2000 起飞

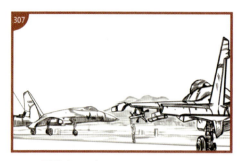

307

画面内容：
歼-15准备起飞　　　　　　　　　　4"

机位：
☆EVS（录像）

景别：
近景

声音/备注：音乐《请你检阅》

308

画面内容：
歼-15起飞　　　　　　　　　　8"

解说词：
男：分列式即将开始，47个地面方队，12个空中梯队将从天安门前豪迈地通过。

机位：
☆EVS（录像）

景别：
全景

声音/备注：音乐《请你检阅》

34 歼-15 准备起飞

35 歼-15 起飞

■■ ■■ ■■

关键词 23：要素取舍

　　重大活动直播最突出的特点就是活动的"时间线"是固定的，在有限的时间内对直播内容要素取舍得当，确保重点环节、重要事件完整准确地呈现，才能实现重大活动直播的精彩。

在阅兵直播中，有时候为保留一两个镜头的设计会异常纠结，因为用这个镜头，就会吃掉另一个需表现的镜头；这里出 3 秒，那里就要少一个镜头；这里出 5 秒，其他地方可能要少两个镜头；加一个观众的情绪镜头，可能会影响到一个方阵的精彩镜头。这时就要有大局观，不管是主系统还是分系统，都要从节目整体效果去考虑、做取舍。

直播创作中要素取舍的前提是善于发现，比如群众游行方阵中那些发自内心、青春洋溢的笑脸，作为一个拍摄者，要善于发现，被拍摄对象所感动，创作者感动了，才会捕捉到不一样的、带着强烈情感色彩的镜头，从而为整体直播锦上添花。在一次阅兵时，有一位战士的视线跟着检阅车过去之后，他微笑的脸上露出了酒窝，播出后网上都说"酒窝哥"好看，成为一个热点。这就是现场发现后及时抓取的惊喜，从设计上来讲，就是要在脚本创作上适

酒窝士兵

度留白，现场发现了好的东西，要把它捕捉到、加进去，这是一种即兴选择，所以分镜头脚本不能做得太满。

另外一个手段就是主动创作，比如俄罗斯红场阅兵，开场的观众镜头显然是有所设计的：一脸沧桑的老兵胸前挂满勋章，老人抱着小孩，小孩在抚摸老兵的勋章，等等。再有人物与人物之间的关系，比如红场阅兵时，现场大屏幕切到老兵的脸，而镜头对准现场的老兵在看阅兵的过程，老兵的面目表情与现场的气氛通过大屏幕有了呼应。因此在直播中要善于发现关键镜头之外的内容。

在南海阅兵中，为了展现受阅官兵的严肃认真，设计了特写镜头展现官兵接受检阅时的敬礼和喊口号的过程，同时，重点突出受阅人的面部特点，这些特写镜头的运用也是一种通过分镜头脚本事先预留创作空间、现场抓取的表现方式，是用直播导演的眼睛去发现、用心灵去感受的创作，以强有力的方式拉近了被拍摄对象与受众的距离，对观众来说有极强的视觉冲击力。此外，全景和远景的镜头展现官兵的整齐队列。如身穿白色海军制服的官兵列队欢迎领导人，所有人员目光一致、姿势一致，展现出队列严明的纪律性。还有通过俯拍和远景镜头拍摄队列接受检阅的场面，拉远被拍摄者与受众之间的距离，视野开阔，展现出南海阅兵盛大与恢弘的景象。

⬛⬛⬛ ⬜

关键词 24：读懂拍摄对象

对于直播中的拍摄对象要善于发现，发现其身份特征，什么样的人用什么样的镜头；把拍摄对象的运动轨迹吃透，必须展现的时间和抒情留白的时间要计算精准；用多种手段去表现。

与人相处的最高级，就是读懂他

比如，拍摄一个老兵和一个新兵，就要读懂他们的不同特征：老兵经风历雨，从容沉稳；新兵年轻稚气，充满好奇心和冲劲。读懂他们的特征，就会选取各自不同的特征去加以表现，老兵可以突出皱纹、徽章、带有沧桑感的双手；新兵则可以突出挺拔的身姿、健康的笑容、汗水的特写；等等。

关键词 25：任务条

在直播演练过程中，随着直播镜头设计的调整，摄影师的拍摄任务也会随时发生变化，导演组会将变化列成一条条的任务，便于所有机位的摄影师清楚自己当前的镜头任务。有的摄影师面临的变化多，那么任务条就又长又宽；有的变化少，那么任务条就很窄。

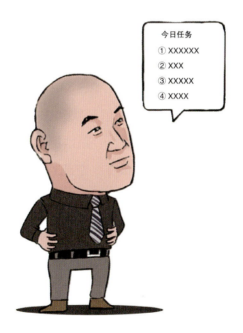

7.3 不断拓展的视角

重大活动电视新闻直播要想达到"世界一流，历史最好"的呈现效果，就需要不断去拓展边界，创新直播的视角和画面。这一点体现在新中国成立 70 周年庆典直播的方方面面。

从系统搭建来说，搭建了由 1 个总系统、6 个分系统共 91 个机位，以及 34 个微型摄像机所组成的直播系统，加上当晚广场联欢活动直播的 70 多个专用机位，组成新中国电视史上规模最大、投入最多、设备最先进、技术最复杂的一个直播系统，这在全球电视业也无先例，是一种创新。

从设备来说，采用了航拍直升机、轨道摄像机、索道摄像机、伸缩臂和摇臂摄像机等多种特种设备，通过打造立体的设备覆盖，实现从天安门南北、天安门广场东西高低角度、地空全覆盖来呈现各支受阅方队，形成 1 500 多个直播分镜头，使最后的直播画面信息丰富、镜头多元、效果壮观。

总台甚至为新媒体的收视观众提供了独家 5G + 4K 的全景镜头、观礼台视角镜头、长安街中线的高点镜头、贴地镜头、仰视镜头、高点仰角镜头以及群众观礼镜头等 7 个固定镜头，在阅兵式直播过程中实时开放，供观众自主选择，这更是一种创新。

总台调动如此多的拍摄设备和运用最先进的直播技术，创新多种视角，目的就是为了在电视直播中最大限度地展现长安街、天安门的现场感，尽可能降低现场活动在电视直播中的信息损耗。从 1 500 多个镜头中精挑细选出高空俯瞰、地面仰视、远处遥望、近处细观，以及装甲车内部视角、空中飞行员视角等令人叹为观止的视角，为亿万观众带来前所未有的视觉冲击。直播系统参考电影化的表达方式，突破了空间限制和画面限制，让国庆的现场氛围得以同频共享，激发观众的情感共鸣。

"国庆70周年"庆典直播中诸多技术的第一次使用都是对现场氛围的复制与扩展。在视角方面也创造了多个首次：

——首次在金水桥头正中位置架设可移动升降塔，丰盈了观礼视线的范围，传递饱满、鲜活的庆典内容；

——首次在阅兵沿线外侧使用移动拍摄车跟随拍摄，实现在侧面用平视角度拍摄阅兵式，使时空关系高度一致；

——首次实现离中心区更近的索道摄像机架设，全景视角的覆盖度提升，令国旗、受阅部队与群众游行队伍、天安门城楼三层关系同框，庆典的庄重感得到进一步呈现；

——首次在前导移动拍摄车上增加陀螺仪，确保关键画面清晰稳定；

——首次设置近距离贴地机位，当装甲战车驶过时，可以令观众更直观地感受到铁甲洪流滚滚而来的气势；

——首次设置导弹视角、坦克炮口视角；

——首次使用4K系留无人机系统搭载陀螺仪，并装配广播级4K摄像机，实现了滞留在空中适当区域的机位在整个活动直播期间不限时的拍摄，从高角度展现北京中轴线的全景画面；

——首次在一片作业空域内同时使用两架航拍直升机，并飞越基准线在受阅空中梯队正上空航拍，多角度全景、正面纵深、跟踪移动、接力航拍。

以上所述的创新视角，呈现出大量大气、雄壮、震撼、极富视觉冲击力的镜头，为广大观众呈献出一场精彩难忘的国庆盛典。这些全新视角的实现依赖于直播团队的创新探索，全景式、全方位展示全党全军和全国各族人民在以习近平同志为核心的党中央坚强领导下昂首迈进新时代，意气风发、斗志昂扬、奋勇前进的精神风貌。

（一）技术创新带来视角创新

其一，升降塔带来创新视角，全景展示阅兵现场全貌。"国庆 70 周年"阅兵首次使用遥控升降塔拍摄。观众通过屏幕看到的展现升国旗、唱国歌场景的全景画面，以及部分阅兵现场气势如虹的大景画面，都是由升降塔机位拍摄的。拍摄全部采用院线标准，升降塔上安装的是8.2mm~1 000mm 的 122 倍广角到超长焦的箱式镜头，拍摄内容主要是水平向上的摇摄镜头。由于现场机位较多，最低高度为 3.8 米的升降塔在呈现阅兵现场全貌的同时，减少了对其他大型机位拍摄效果的影响。

● 安装升降塔

其二，多种贴近特殊视角，增强视觉冲击力。国庆大阅兵中，观众通过贴近地面视角看到的正面和侧面多方位战车轰隆隆驶过的震撼画面，都是由放置在长安街中线位置的 4K 摄像机和阅兵沿线外侧的移动拍摄车跟随拍摄的。观众经由仰视的画面视角可以一览钢铁战车势不可挡的前进画面，还可以近距离看到以往无法看到的战车细节，增强了阅兵的视觉冲击力。从空中往下看，全景的航拍镜头使整齐划一前进的阅兵方队、天安门及广场的军乐团、群众方阵的壮阔景象尽收眼底。航拍以拍摄装备的主观镜头为直播提供特殊视角，表达出"祖国和人民，我们来了"的效果。

◆ 多种贴近特殊视角拍摄的直播画面

▲ 调试摇臂设备

▲ 运用摇臂演练拍摄

▲ 演练拍摄走位

▲ 调试特种设备

其三，索道摄像机架设展现独家视角。当接受检阅的部队和载有重型武器的车辆通过长安街时，受众从略高于正中的视线角度感受到了人民军队不可阻挡的气势，不断拉近的视角让人们看到了更多的现场细节。这些在以往阅兵式上从未出现过的视角，是由总台自主研发的索道摄像机"天鹰座"带来的。它横跨长安街南北两侧，可上可下、可前可后，为直播带来了航拍、人工、摇臂都无法带来的效果。在三个小时的直播中，这台摄像机从各个方位、各个角度向核心区推拉摇移，使天安门城楼、长安街、国旗、现场观众这些固定场景有了不同寻常的表现。在活动尾声，由它拍摄的近两分钟的移动长镜头，是历次直播中都没有出现过的视觉效果。为了实现这一视角，搭建索道摄像机需使用三辆汽车起重机和一台塔架作为"生根点"，这一过程历时 10 天完成。

"天鹰座"拍摄的两分钟移动长镜头

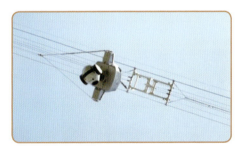

搭建安装索道系统

🔺 "天鹰座"索道系统搭建

🔺 技术人员操作"天鹰座"索道摄像

◐　　"天鹰座"索道摄像机拍摄画面

　　其四，别出心裁的视觉角度，微型摄像机显神通。在以往重大活动直播时，永远都是运动主体走过来，但是"国庆70周年"直播，观众可以获得从运动主体往外看的主动视角，跟着一架架飞机飞过去、一辆辆战车开过去，相当于是和新闻主体一起同频共振，一起走过去，这样的视角为观众带来了新鲜的感受。阅兵庆典上，除了壮阔恢弘的视觉场景，人们还能看到坦克炮塔的视角、军机的视角、气球的视角、鸽子的视角，可以看到军车驾驶舱内的准备情况，战车上的微小细节，可以透过飞机背部俯瞰城市、平视空中的翱翔飞机……这些画面都是由隐藏在各处的微型摄像机拍摄的。

关键词 26：主体视角

　　通过微型摄像机，把镜头的视线化身在表达主体的内部，由里向外表现重大历史时刻中的物体，呈现出新鲜的视觉效果，创作记录重大历史时刻伟大瞬间、带有主观情感色彩的经典画面。

（二）"主体视角"为受众多角度展示现场

以下列举"国庆70周年"阅兵直播、"建党百年"直播中几个典型的案例，来说明拍摄中"主体视角"的使用。

其一，首次把10个微型摄像机装在了礼炮的不同位置，包括炮身、炮筒、底座上。近距离感受礼炮从装填到击发的力量、战士整齐如一的动作，记录下弹壳退膛的金属颤鸣声等以往从未见到、听到、感受到的富有质感的细节，使观众如同炮兵般亲历鸣炮全过程。

◐ 把微型摄像机安装在礼炮上

其二，将 50 个微型摄像机装在了飞机编队上。其中，首次在歼 –20 战斗机上安装 360° 摄像头，首次在武装直升机上安装摄像头，突破了技术安全难题。透过飞机的机背来看阅兵，别看只是一个小小的镜头，它涉及机载重量、空气阻力、适航认证、设备供电、信号实时传输等细节。为此，直播团队找到了飞机的设计制造单位进行严谨论证，仅认证资料就有几十页，有大量的数据做"后盾"，才能够决定是否可以安装、安装在什么位置。

● 把微型摄像机安装在直升机上

其三，首次把 1 个摄像头装在了气球笼子里，以气球的主观视角来表现气球放飞的过程。

  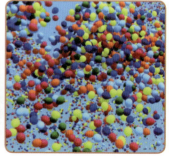

● 把微型摄像机安装在气球笼里

其四，团队还创新了一个全新的"鸽子视角"。用 3D 打印给鸽子做了套"冲锋衣"，让它背着一个微型摄像机上天，可惜在直播中最终没有实际应用，但为今后的直播留下了创新的空间。这些特殊机位的设计带来了更丰富的视角，给直播镜头带来更多衔接创作的空间。

⬥　运 -20 大翅膀下的北京城

（运 -20 飞机飞过广场上空时的情景，直播镜头放在飞机垂尾上面，北京城市景观就在它大大的翅膀下面）

🔺 　　空警-2000 大蘑菇下的俯瞰

（在飞机顶着的"大蘑菇"附近装镜头，透过它的垂尾和机背来拍摄它路过的北京主城区、天安门广场和后面的八一飞行表演队）

🔺 　　空警-2000 机尾后视八一飞行队的表演

（这个镜头是在飞机的尾巴下边加装的，从最近距离拍摄到八一飞行表演队在天安门广场拉烟的壮美景象）

⚬ 主战坦克炮管上的摄像机

⚬ 调试特种设备

调试特种设备

测试特殊视角无人值守机位

其五，移动拍摄车。"国庆70周年"阅兵直播时，在D系统加了一辆拍摄车，在两辆车上安装了三个拍摄机位，一个往前拍，两个往后拍，首次实现了全程有效的侧面拍摄机位。

其六，贴地机位。它的位置非常特殊，在长安街的地面上，因此被称为贴地摄像机。直播团队在长安街柏油路上挖了一个一厘米宽、三厘米深的槽，贴地安装，位置正好是装

⬤ 国庆阅兵直播移动拍摄车演练

备方队行进的中心线，这才有了装备扑面而来的气势。贴地摄像机个子虽小，但是因为有一定的仰角，拍出来的受阅装备看起来更高大威武。这个设备因为会突出于地面，有可能给徒步方队和群众游行队伍造成障碍，所以它只能在长安街上出现28分钟，只有在最后一个徒步方队通过这个位置之后，才可以抓紧时间上去安装，同时必须在装备方队驶过来之前安装完毕，这中间的间隙只有2分10秒！摄影师必须冲上去，把设备放进去，把线接上，然后人赶紧撤离，经过前期一遍遍地演练，最后实际操

○ 安装贴地机位

○ "国庆70周年"阅兵地面镜头直播画面

作中大概用了1分10秒不到,就安装完毕这个独特的机位。装备方队受阅结束后,还需迅速把它拆除,并把路面恢复成平整的状态,可以说它是名副其实的"快闪机位"。为了安装这个"快闪机位",直播团队预先用三天三夜埋设光缆,但还不能影响长安街通车;需要在耐高温2 000度的沥青覆盖路面上开槽留出缝隙,但高温沥青却会破坏光缆。经过反复试验,最后制作铁盒保护光缆,并且将高温沥青先降温然后浇灌,顺利完成了安装。

其七,"系留"无人机镜头的尝试。"系留"无人机是在地面用一根综合缆拽住一个大型的无人机,像"放风筝"一样。综合缆里埋有电源供电线、信号传输光缆及无人机遥控信号线等。通过这根"线",可以实现遥控无人机上的摄像机镜头的推拉摇移,同时还可以把拍摄的画面不压缩地实时传输至地面。"系留"无人机拍摄系统是总台工程师自行研发的特种设备，在端门升起"系留"，主要作用是呈现在天安门城楼上，看整个巍巍巨轮的船头。

◉ "建党百年"直播 4K 系留无人机直播画面

其八，将机位设在人群中。"国庆 70 周年"庆典直播中，无论是阅兵式、群众游行，还是首都国庆联欢活动，都设置了专门的机位捕捉人群中的精彩时刻和特写，从成千上万的面孔中捕捉盛世欢腾的热情。特别是在群众游行部分，当"祖国万岁"彩车载着中国女排临近时，受阅士兵们大声呐喊："中国女排，世界第一！"这一真情流露的精彩时刻被摄影师举着摄像机、以百米冲刺的速度狂奔到队伍面前记录了下来。

"中国女排，世界第一！"

⬤　　设置专门机位捕捉人群中的精彩时刻

（三）直播镜头设计兼顾宏大与细微

"国庆70周年"庆典直播，在直播镜头设计上创新不断，亮点频出，恢弘场面大气磅礴，细节展示精巧鲜活。

例如，在庆祝大会开篇中，直播节目通过直升机航拍镜头展现故宫和天安门广场的实时画面，使古老与现代的建筑形成强烈的对比，二者辉映之中营造出一种历史的厚重感，凸显了庆典活动的恢弘壮观。尤其是通过广场东侧国家博物馆上设置的高点机位、广场中心区域的升降塔等特种设备，提供高点、全景、广角等多种角度的构图，流畅地展现了礼炮的威武、国旗护卫队的庄严，以及升国旗、奏国歌的神圣肃穆，将现场气氛推向一个小高潮。

在最为精彩的分列式直播中，节目通过多角度全景、正面纵深、跟踪移动、高空索道摄像机、接力航拍等镜头语言，呈现出排山倒海的宏大场面，通过比例合适的关系镜头，展示方队前飘扬的旗帜与整齐划一的队列和精神抖擞的官兵，传递出红色基因发扬光大、新时代强军成效显著的内涵。

在欢快热烈的群众游行环节，直播节目则通过多种镜头语言，对参加群众游行的共和国老兵、老革命的后代、少先队员、媒体工作者、奥运冠军、快递小哥、广场舞大妈等来自各行各业的普通群众进行了全景式呈现和细微刻画，充分展示了老一辈革命家艰苦奋斗的历程，体现了新中国取得的成就和变化，生动传达了人民群众对美好生活的向往，营造出自由、生动、活泼、欢愉的现场氛围。

"国庆70周年"直播
经典镜头（1）

"国庆70周年"
直播经典镜头（2）

总之，在直播过程中各个篇章和段落聚焦主题主线，分段设计镜头表达和具体操作方式，以最佳机位设置、最佳角度景别、最佳运动方式，形成最佳镜头序列组合，达到最佳收视效果。

下列表格列出了庆典第一篇章直播内容与镜头表现的对应关系：

第一篇章：开篇	
内容说明	镜头表现
此部分合计有两个段落。 段落1：主持人宣布开始、鸣礼炮、国旗护卫队行进。 段落2：主持人宣布升国旗、奏国歌及升旗仪式全过程。	• 用直升机航拍镜头展现故宫、天安门广场的实时画面，古建筑和现代建筑的交融，突出庆典活动恢弘的现场氛围。从一开始，就营造出一种历史的厚重感，展示中国强大的凝聚力和影响力。整体镜头节奏由弱变强，营造序幕即将缓缓拉开的期待感。 这一阶段，有多路机位覆盖天安门广场观众临时观礼台、军乐团合唱团、礼炮阵地等多点。

在鸣礼炮和国旗护卫队行进阶段，通过沿着红色道路前进的队列、整齐而有力的脚步、万众歌唱的场景，体现"历尽苦难上下求索、坚定信念风雨兼程、勇往直前继往开来"的历史进程和力量凝聚。

此次的国旗护卫队与以往有所不同，护卫队将由三军组成，列队方式也有较大的变化和调整。直播团队根据队伍服装、列队、动作等的调整变化进行了机位的优化，展示变化和这个阶段设计感的同时，优化表达，充分展现开篇的庄严感、历史感、仪式感，为整个庆典活动的进行和接下来的领导人发表重要讲话做好铺垫。

- 通过广场东侧国家博物馆上设置的高点机位、广场中心区域的升降塔等特种设备提供高点、全景、广角等多种角度的构图，流畅展现礼炮的威武、国旗护卫队的庄严，升国旗奏国歌的庄重肃穆。将现场活动拉向一个小高潮。
- 当国旗护卫队从纪念碑走向国旗杆那一刻开始，定点和移动交织、特写与全景交替，军乐声、礼炮声和脚步声交融。
- 用两台斯坦尼康摄像机移动拍摄从纪念碑到国旗杆之间国旗护卫队的行进和升旗仪式。
- 用 16 米摇臂动态拍摄国旗护卫队走下台阶的全景，展现出刚柔并济的美感和护卫队前进的动感。
- 多点机位捕捉升国旗唱国歌现场，领导人、受阅部队、现场观众不同身份人物的不同表情，以及万人同唱国歌的宏大场面，展示广场区域的庄重气氛，共同反映出万众一心、团结在一起的含义。

7.4 "时间线"上的镜头叙事逻辑

在重大活动的特定空间内，不同的主体都在按照活动程序运动着。那么在一定的时间内选择哪些运动主体、陪体，每个被选择对象占据时间线内的比例是多少，就构成一个逻辑问题。电视直播把逻辑剪辑和真实发生有机结合，形成了电视直播专业人士视角的一定时间内拍摄的优化组合。

镜头叙事逻辑

要在特定的时间、特定的距离内，集中所有的设备，瞄准同一事物拍摄、呈现。一旦出了这条特定时间、特定空间的线，无论画面多么精彩都不能用。这是镜头叙事的根本逻辑。

这种组合就使许多身临现场的人觉得自己看到的不如电视转播精彩。这是因为他们：一是没有选择重点运动主体，眼睛看到太多运动主体，看花了；二是没有抓住重点运动主体的重点环节呈现，当他们的视线转到这里时，精彩呈现已经过去了。

这种组合还可以通过空间的前移，把有效时间延长拓展，再把借用的有效时间零散分配到各个所需的地方，使得运动速度过快的事物能够通过直播得以充分展现。像多次直播中在长安街沿线布设的 A 系统，主要拍摄行进队伍，一下架设了超过 20 个机位。两公里的长度放了二三十个机位，看似布满了最主要的位置，但如果直播操作得不好就会出现一个问题：在直播过程中"时间线"是不以人的意志为转移的，段落的总时间是固定的，打不破的，每一个经过天安门城楼的方阵的时间是有限的。如果只是觉得方阵经过的画面好看就切，最后就会出现逻辑混乱，分不出 1 2 3 4 5 6 7 的前后队形来，切的顺序 1 2，然后 1 2 3，又是 1，队伍 3 都出完了，又出 1 了，甚至于队伍 4 都出现了，又出了 1。还可能出现有的队伍给的时长 1 分多钟，有的队伍只给了 10 秒。虽然方阵走得很匀速，各个方阵同时都在走，但如果不按合理的逻辑做选择，切出来就会有问题，这就是现场"时间线"所要遵守的。

经过这么多年的反复磨炼和实践，我们在直播中归纳总结出最重要的一条经验：一定要在特定的时间、特定的区域内，集中所有的设备，瞄准同一事物拍摄、呈现。一旦出了这条特定时间、特定空间的线，无论画面多么精彩都不能用。这是一个根本性的逻辑问题，到今天已成为大型直播活动的共识。

关键词 27："时间线"上的百米环节

　　完成重大活动直播规定的全部流程，所需时间一般都长达数十分钟到几个小时。直播的"时间线"是不能打破且不可逆的，它和编片子不一样，随着活动的进程，直播内容不可改，它是实时发生的，画面叙事必须根据时间走。

特定的时间、特定的区域有具体的要求。比如喊齐步变正步的位置就是一个特定区域的起始线，这个方队一直播到 36 秒的时候仍然是正步走，但是下一个方阵要喊"齐步变正步"了，那么对这个方队的转播必须到此为止，这个位置就是这个方队的截止线，直播镜头必须马上接入下一个方阵。前面的方队还在继续往前走，但再有多漂亮的动作都不能用了，因为直播中的逻辑已经集中到了下一个方阵。特定的时间，就是 36 秒；特定的区域，就是直播团队划定一定区域，在这个特定区域，所有的摄像机都集中在这儿，表现同一事物。因此不用在 2.5 公里长的区域内平均架设摄像机。这种实践中得来的规律性认识，使得流逝的"时间线"和实际发生之间的切换组合变得逻辑合理。

一定的时间内存在众多运动主体，争奇斗艳，互不相让，让直播专业人士精神高度紧张，生怕遗漏了重要运动主体、重要环节。但还有一种相反的案例，就是一个相当长的时间段内运动主体很少，甚至没有运动主体，只有陪体的简单准备动作。那么如何让这段"时间线"的音视频表现丰满起来，而不是几个大全景连着出，等待时间的消耗呢？

我们来看看总摄影师的讲述。

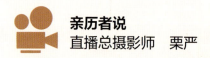

亲历者说
直播总摄影师 栗严

所谓"时间线"是指直播节目的时长与活动发生的时间所呈现出的线性吻合。这种线性吻合使得我们在制作直播节目时不能像剪辑专题片那样随"心"所欲。道理其实很简单，这是由直播节目的属性决定的。直播之所以能打动人，很大一部分原因就在于它与事件的发生是同步的。也正是因为这种同步，使得我们不能对现场做任何剪辑，更无法像制作专题片那样只提取现场的精华，然后提供一版经过浓缩的精彩再现。

"沿着时间线跳舞"是干直播的人永远也逃脱不了的宿命。过去我们听到最多的、给一些不尽如人意的直播节目找的借口就是"现场就那样"。如果你去认真复盘这些节目就会发现，那些不尽如人意大多是因为"时间线"没处理好。要想在既定的"时间线"上跳出韵律十足的舞蹈来，最关键的就是处理好"时间线"上各个环节的衔接问题。因为主办方组织一场活动，一定是要设计出诸多环节的，然后靠这些环节之间的相互演进来不断推进和展示想要表达的主题。由于受现场诸多因素的限制，这些环节之间是存在空隙的，而这些空隙呈现在节目里，就是拖沓和不知所云，会严重影响节目效果。

所以，在主题和大的故事架构确定之后，转播团队就要把更多的精力放在对这些衔接处的打磨上，努力让"时间线"丰满起来。在实际操作层面，我们也的确是把手头能拥有的大部分特种设备都用在了对这些衔接处的渲染上。像索道摄像机、骑轴长焦镜头、长摇臂、双头移动轨、贴地小机器甚至是航拍直升机，都是在这些衔接段落里出现的。其目的就是利用这些设备的特殊视角和独特的运动能力，在原本苍白的衔接处，渲染出符合主题气质的情绪画面，以此来保证整条时间线都处于张弛有度的饱满情绪之中。

"时间线"的不可分割带来的另一个问题就是"舍得"。因为在一个时间点上，你可以从多个视角拍出漂亮的画面，但你只能选择最准确的那个，不可能面面俱到。而且大概率你手里也没有那么多资源，允许你去设置只出一个镜头的机位。所以，在执行过程中，"舍得"是比拥有更难的抉择。

关键词 28：空间换时间

通过延展直播的空间范围，展现直播现场外更广的空间，达到突破重大活动直播固定"时间线"的目的，从而实现在原有时间内直播细节更完整、内容更丰富。

重大活动直播的"时间线"好比一首乐谱，总系统谱曲，分系统奏乐。其中的高点系统占整个"时间线"的比重并不是太多，但是它的变数非常多，操作难度也比较大。每一个飞机梯队高速通过，时间是非常快的，一旦机位设置不合理，就会造成梯队没有拍全，甚至没拍到，这是非常严重的问题。空中梯队直播没有可复制的经验，只能靠提早行动、"踩点"预演、反复磨合。

"国庆70周年"阅兵式直播依据过往直播经验和空中梯队不同方阵线性排列的特点,导演团队最终确立了8~10个地面拍摄空中画面的机位。优化后的点位,设置更加合理,确保了画面呈现的高质量和流畅性。空中梯队直播机位的设置、距离的把握是根据"时间线"的安排、导演的设想、镜头的设计、飞机的速度来计算的。然后在仿真系统上练习,圈定一个直播的空间范围来架设机位,推演拍摄时间是否合适。

空中梯队飞行的"时间线"、逻辑切换组合非常讲究设计感。在天安门城楼看飞机飞过来,肉眼可看的非常受局限,3秒钟左右就飞过去了,如果没有提前的设计,只能是简单机械地拍摄一架架飞机划过上空,无法展示细节,这一部分最精彩的内容就会变得平铺直叙,寡淡无味。因此,直播团队必须根据梯队的机型、飞行速度,提前计算出第一个机位的时间距离,以飞机飞过天安门旗帜作为一个标志,飞机跟这面旗帜发生关系的时候是多长时间,这个时候必须得切换,飞机和旗帜的关系在镜头里结束,对应的也就是之前地面方队结束的时间点逻辑。每一个梯队都要倒推时间,第一个梯队在哪里出镜,到了哪里必须得切出,否则就会影响后面的梯队。

空中梯队展现的镜头逻辑切换组合还必须提前于"时间线",也就是通过空间换时间,"空中梯队接受检阅"这个口号的展现就要提前,如果等飞到天安门城楼,实际看见飞机时就晚了。基本上直播是从东三环某处的高点就开拍了,只有这样经过周密设计,直播镜头才能实现空中每一个环节的有机衔接,将整个空中受阅部分完美呈现出来。

为什么电视的转播要比实际现场要好看?就是在不失实的情况下,同时加入了一些直播团队自己的创作,没有一点作假,用空间换取时间,丰富了直播内容。

从电视直播的操作角度看，飞行表演和地面方队一样，也设定有一个敬礼线，它的敬礼线在东三环，就是当飞机飞到东三环的时候，直播中的第一个镜头必须切出来了；如果切换晚了，就会压掉所有的飞行线路，因为它有一个视觉的惯性，也因为飞机自己有速度，直播中切到这个飞机在天安门城楼的视角，几秒钟就滑过了，但是如果画面要把飞机切全了，下一个镜头就已经到这里，就来不及切换。所以飞机的敬礼线就必须往远处的空间拉，在敬礼线上不能逾越，比如说直播中第一个镜头切换出的是党旗，第二个镜头就必须去切出下一个标语，如果还停留在党旗，标语就没有了，下一个空中梯队就上来了。找切换点时，它都有一个不能逾越的红线在那里，卡准这个点，然后去捕捉每一个方阵能够表达的最好看的镜头。

直播中"时间线"不可逆，直播又难免会遇到突发状况，这就需要做足预案。空中梯队直播一般一个镜头会有 1~2 个预案，一旦发生突发状况，立即启动预案。不过正因为"时间线"是线性的，一个梯队飞过去了，其他机位也不可能再去回溯它了。

每个机位都有它固定的任务，空中梯队也有敬礼线（东三环附近）和礼毕线（国家大剧院）。由于空中梯队从东边飞来，在国贸地区就有机位支持，这个机位起到"哨兵"的作用，当导播看到信号墙上的三环镜头里有飞机了，说明这个梯队即将飞入敬礼线。直播过程主要就是从敬礼线开始，呈现每一梯队的镜头。划定这个范围后，在两线之间规划好距离，架设一定数量的机位，由于空中梯队的飞机数量、展示内容不一样，所以需要根据这些情况，逐一制定拍摄方案，选取最佳镜头，进行排列组合。

各机位之间还有相互补台的功能，比如在直播过程中，本应该拍摄一个机群的机位，镜头上突然糊住了虫子，这个时候启动应急预案，不远处设置的一个机位就可以弥补这台机位的镜头空缺。

◉　拍摄战斗机的摄影师推演机位设计

导演团队寻找拍摄飞机的最佳机位

拍摄飞机的高点机位

🔊 拍摄飞机的高点机位

7.5 声音的还真

重大活动电视新闻直播中声音的设计和制作很重要，这是还原现场真实氛围的重要步骤，如果不事先去做专门的声音拾取，现场各种丰富的声音元素是不会在电视新闻直播中自然就有的，直播最终的屏幕呈现可能只有画面没有声音，或者声音画面不匹配，这样观众通过电视新闻直播感受到的活动现场，就会和真实的活动现场完全不一样。这样的直播，效果就会大打折扣。

关键词 29：声音还真

在重大活动的电视新闻直播中，声音还真是指运用技术手段，对现场的各种声音元素提前布置拾取和设计制作，最终让观众通过电视直播感受到的声音和画面的结合，与在活动现场真实感受到的完全一致，达到声画匹配的最佳真实效果。

要确保做到现场声音的真实还原。直播中的声音一定不能是造出来的、虚拟出来的，虽然那样可能效果好，但失去了新闻真实的基础。在现场真实的基础上把声音尽量做好，这是重大活动电视新闻直播设计制作声音的重要原则。

比如好多次的航天发射直播中，拾取火箭发射喷火声音的话筒一般都布置在距离最近的楼顶，这是能够接近火箭现场最近的距离，但随之而来的问题就是，当火箭冲天而起时，火光画面先出来，因为声音慢，升腾喷火的声音5秒钟之后才能听到，这样就直接影响到直播效果。在很早一次直播的时候，曾经设想过之前同样型号的火箭，都是同样的燃料，喷出来的声音应该是一致的，是不是可以提前把上次的声音拿出来，等这次只要火光画面出来，声音就提前放，后来经过反复思考觉得这样做不行，声音必须要还原，真实是第一位的。如果万一这次发射出现意外，提前放出声音，反而假了，所以一定不能有一点这种假的声音内容加进来。后来采取的做法是：在离火箭50米的地方，架了一个无人值守的话筒，然后通过线路传回，以确保发射喷火的声音第一时间抵达，这样声音不仅确保真实，而且与画面高度匹配。

另外如果碰到现场的声音破了，也不能修饰，还要真实地还原，因为这种破是现场的情感表达，像当年申奥直播，当宣布北京申奥成功时，白岩松在现场就开始喊了，他的声音一下就破了，直播就要还原现场这种声嘶力竭的声音，这是一种情感的表达，这样直播就会显得非常的真实。

还有天安门广场上的历次重大活动，其难点就是脚步声的真实还原。因为在战士的靴子里装了无线话筒，直播画面的正步走起来，不同话筒路由传输之间的抵达时间不一致，脚步声就会很零乱，所以必须在确保声音真实的前提下调整一致，让脚步声音跟画面去匹配的节奏感不错位。

要想达到重大活动电视新闻直播的最佳效果，在现场踩点之后，就要跟直播导演团队进行充分沟通，了解总导演的直播构想，考虑最接近的话筒布点位置，在脑子里对整个直播事件和现场形成声音的初步思维。

声音拾取的设计理念一般是三层，就是整体的环境、主体的事件、特写的声音表达。

第一要表达声场，声场就是对现场环境、现场氛围的一种衬托。比如重大活动即将开始前安静的天安门广场，很大的一个广场，就要空气的声音，可能就需要远远地在人民英雄纪念碑上架设一个高高的话筒，拾取这个声音的话筒要让别的声音对它干扰少，要远离观众，要尽可能的高，实际上就要突出广场的空间感、空旷感。

第二要设计现场的声音主体。在现场环境下会发生一些事件，不管是坦克车开过，还是受阅的战士正步走过，这都是直播中要表达的现场声音主体，被声场包围在其中。根据直播分镜头脚本，确定每一个画面声音的主体是什么，表达的境界是什么，意境是什么，包括直播中根据事件的进程去组合布设话筒，有的话筒可能在第一时间用完之后就不再用了，有的话筒持续到活动结束可能一直都在用。比如阅兵中的标兵就位环节，要能够彻底排除其他干扰，去拾取到想要的声音主体，这是需要声音的总负责人去考虑的，和布置摄影机位同等重要。

第三要设计现场的声音细节。特别个性化的声音，人在现场能感受到，但是电视直播如果不事先去设计，不进行声画匹配，它是不可能进到直播中来的。比如"朱日和阅兵"中的机降，仰拍直升机里的队员们落地的画面，在落地的地方大概有 30 公分的土，下边铺了一个木板，然后在木板底下粘了一个话筒，这样做的目的就是为了让落地的细节的声音收得更清晰。如果没有这个声音细节只有画面，直播效果就完全不一样。在整个阅兵的环节也有一些突出声音细节的设计，如第一个战士张嘴喊"首长好"的声音，就是离镜头最近的这个人，把他的声音和远远的、整体的、群感的声音区别开，在群感的声音之外，个体细节的声音颗粒感凸显出来，再跟群感声音结合在一起，这样的直播才会更有震撼力。

直播笔记
声音拾取设计

声音拾取的设计一般要考虑到三层：一是整体的环境，要表达声场，声场就是对现场环境、现场氛围的一种衬托；二是主体的事件，要设计现场声音主体，被声场包围在其中；三是特写的声音表达，要设计现场声音细节，特别是个性化的声音。

在南海海上阅兵时，也是想尽各种办法拾取声音细节，一是在受阅舰船上安装音箱，再一个就是跟活动方商量，用他们对讲机的讯道传声音，还有在受阅舰上拿话筒远距离拾取受阅舰的声音，这几种方式相结合，达到了一个相对满意的拾取声音细节的效果。

在重大活动电视新闻直播中，所有这些声音细节，如果只是平平淡淡地处理，没有特别设计，也不会觉得不妥，但如果注重了设计，跟视觉画面冲击感相匹配的声音的冲击感特别能出彩，会让直播效果一下子呈现出高级感。

所有的声音创新都是源于直播的不断创新，包括使用功能更强大的新设备，也包括对于之前直播中声音缺憾的重新弥补或者重新塑造，只要将现场丰富的声音元素运用好，和直播画面匹配好，就能不断呈现出更细节、更完美、更震撼的直播效果。

直播现场声音制作三同步

一、事件的同步采集

虽然直播画面中是如滚滚洪流的坦克，但实际上现场同时还有天上呼啸而过的飞机以及欢呼的群众，所以这一时刻的电视声音表达里面还要同步采集飞机的呼啸声、观众的欢呼声。可以突出画面中的坦克声，但是不唯这个声音。至于下一个镜头切飞机了，就突出飞机的声音，坦克声就弱下来。这样声音转换的时候过渡会自然流畅，通过声音的同步采集，形成一个整体的声音表达。

二、路由的同步校准

这是为了整个画面组接的安全或者合理。不同的声音采集通过不同的路由或者介质传输回来，抵达时间是不同的；还有主路和备路或者同一种介质、同一个路由频率不同，传输回来的时间也是不一样的，这就需要对齐校准，确保所有信号之间的抵达时间必须是齐的，这样系统之间的声音转换才能保证一致。

三、声画的同步对齐

声音是需要距离、需要时间传输的，和画面传输之间有一定的延迟性，一旦声画不对位，就会严重影响直播效果。比如说唱国歌的时候，唇形的动作和歌词是要同步的。现场唱歌的人要听到音乐才张嘴唱歌，但这时的画面有可能已经通过摄像机传输出去，这样就会造成声画不对位。要想声画匹配，就必须使声音延时短，音箱设置距离人足够近，以及声音足够响亮，以便于声音的快速传输。

7.6 实用创作工具包

追求"世界一流，历史最好"的直播，除了机位布局、镜头设计、视角拓展、声音还真，还有很多创作上的经验，这里为大家奉上重大活动电视新闻直播中的实用创作工具包。

关键词 30：集中亮相

　　在特定时间（36~38 秒内），特定区域集中所有摄像机对区域内的统一运动事物集中展现。其目的既是为了形成气势、展现关键环节，同时也确保了切换逻辑的正确。

关键词 31：合理跳轴

　　从传统摄影的角度看，越轴或称跳轴，拍出的运动主体的运动方向是对立的、相反的，是不专业的表现，所以在一般情况下轴线绝对不能跳。但对于大型直播来说，轴线可以有合理的跳跃。

　　轴线的存在，其实就是为了越过去，因为不越过去，说的事就不完整；只说了一面，不是立体的展示。

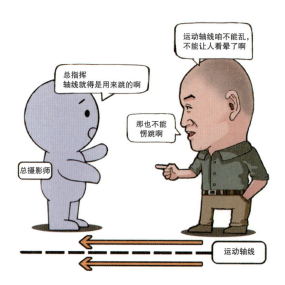

　　合理的跳轴一般是用全景或特写来过渡，打破传统轴线，用全景或者其他镜头重新解构要表述物体的关系，从而展现全面、立体的重大活动直播现场。

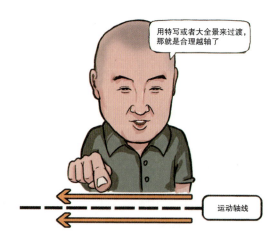

轴线的主要作用是考虑镜头排列组合的合理性，不要造成不必要的视觉阻断，这样可以减少观众的空间想象负担，腾出脑力理解直播内容，欣赏现场画面。合理使用轴线可以改变直播节奏，增加镜头动感与节奏、增加呈现视角。而合理跳轴有明确的创作目的和镜头逻辑，是为了创造特殊的视觉效果，直播中越过轴线拍摄可以展现直播现场周围的环境以及被拍摄运动主体不同角度的动作，带给观众一种强烈的现场逼真感。合理跳轴可以改变被拍摄主体的景别，更加立体化、全方位地塑造运动群体。

合理跳轴的创作技巧

利用摄像机的运动跳轴　　利用主体自身的运动跳轴

利用中性视线镜头跳轴　　利用主观视线跳轴　　利用转身、转头的动作跳轴

利用大场景镜头、环境空镜头或特写镜头跳轴

一、利用摄像机的运动跳轴

摄像机的镜头相当于观众的视线，摄像机在拍摄主体时，通过摄像机的运动跳轴，相当于使观众看到画面对象关系变化的过程。

二、利用主体自身的运动跳轴

利用被拍摄主体的运动建立新的轴线关系，使观众察觉到被拍摄主体的运动轨迹进行跳轴。

三、利用中性视线镜头跳轴

中性镜头没有明确的方向性，在直播画面切换时，可以利用中性镜头进行画面过渡，缓和跳轴后带来的画面跳跃感。

四、利用主观视线跳轴

主观镜头即代表画面中人物视线的镜头。把主观镜头插入两个主体位置关系颠倒了的镜头中间，以画面中人物的视线引导观众去观察、感受事物，从而缓解跳轴的感觉。

五、利用转身、转头的动作跳轴

六、利用大场景镜头、环境空镜头或特写镜头跳轴

跳轴前插入交代环境的大全景镜头。

■ ■ ■

关键词 32：节奏

对于任何内容切换时机的把握、韵律感，不同的直播要求不同。

导播应该在深刻理解分镜头脚本的基础上，带着创作的激情，运用景别、运动、速度产生直播镜头语言的切换频率。通过节奏感丰富的现场画面呈现，及时传导现场的热烈氛围。

对于直播中不可控的随机动作，要观察镜头里人物的呼吸，通过呼吸感预判即将发生的动作，才能确保画面镜头的准确切换。

　　直播中要观察画面中的一举一动。当人物要开口说话前，一定会有一个酝酿准备的过程，会有一个呼吸感，直播团队反复训练，形成条件反射，就可以精准地找到这个切换点。

　　这种呼吸感也可以称之为节奏的掌握，是需要培养的一种技能。比如说在切一个进行曲的时候，肯定是节奏非常快；但是当转换到下一首抒情曲时，用的镜头就要变慢。要形成一种自然而然的判断，或者说是切换手感。

节奏很重要，所有的直播叙事、抒情的表现镜头都是有节奏的。包括切换前后镜头，早一秒或者晚一秒，节奏不对会很难受。物体的运动速度、直播的切换速度、镜头的移动速度要融洽得当，就好比呼吸，这个顺畅是要长期磨合的，只有当一线操作人员之间的配合非常顺利融洽时，这个节奏才是最完美的。掌握好这个节奏不仅能保障直播的安全，也能确保直播的精彩。

"建党百年"直播中的唱歌环节，镜头切换就保留了一种呼吸感，不能一直很用力，要张弛有度。这种节奏也是直播创作中的一种叙事表达。典礼式直播不仅要让受众看到活动流程的画面，还要通过直播镜头的设计组接方式，让受众看出直播团队讲的好故事。

在全国脱贫攻坚表彰大会直播过程中，当总书记提到为脱贫攻坚事业奉献生命的黄文秀同志时，直播镜头给到了坐在台下的黄文秀的老父亲，此时老父亲流下了眼泪。这一感人瞬间的捕捉调动了受众的观看情绪，并且在广大媒体尤其是新媒体获得广泛传播，达到了非常好的效果。

关键词 33：塑造主体

　　抓住直播"时间线"上合适的关键节点，在稍纵即逝的直播时间内客观真实地记录直播中主体的同时，用艺术的创作手法、电影的镜头语言主动作为，塑造主体在重大活动中实时发生的与众不同的形象，达到表达直播思想、丰富直播内涵的目的。这种塑造主体的表达方式，是一种高级表达。

重大活动展现的一般都是国家历史进程中的重大仪式，电视新闻直播是记录见证这段历史的最佳方式。直播过程中不仅仅要对整个活动进行实时记录，还要思考直播中重要的主体如何塑造，这是重大活动电视新闻直播创作的特点之一。

塑造主体要考虑很多方面，不是一个简单的问题，最主要的原则是，将电影镜头语言的艺术创作手法和实时发生的电视新闻直播规律相结合，既发挥出艺术创作的魅力，又坚持电视新闻直播的思想性和真实性。

只有坚持思想 + 艺术 + 技术的原则，才能塑造出更好的直播主体，而塑造出一个个鲜活、鲜明的直播主体，才能使重大活动电视新闻直播有更丰富的直播内容元素，才能最终达到"世界一流，历史最好"的创作目标。在塑造主体的过程中，电影艺术的创作和电视新闻直播会有很多矛盾之处需要协调解决，比如为了光线的柔和自然，需要布置更多层次的灯，比如为了主体人物的立体丰富，需要更多不同角度的机位，这些艺术创作给电视新闻直播带来最直观的问题就是会在直播中穿帮，限制了直播镜头的切换，这就需要取舍，在关键节点处进行艺术创作完成塑造，在其他地方遵从直播规律大而化之，确保直播的安全和顺畅。

重大活动电视新闻直播其实是一个很长的"时间线"，并不是说从头到尾都要一直保持创作状态，但在最关键的点上应该表现最好。在"建党百年"直播青少年朗诵的环节，当时曾经设计近景特写镜头塑造主体，但是从整体考虑最后给的是一排人的大景别，就是考虑到从艺术创作的角度应该是给这个特写，但在直播过程中，这个切换点很可能是跟不上的，而一旦跟不上，直播的效果就会受到很大影响。最终给大景别，镜头语言则是流畅的，这样就可以在其他更重要的点上去进行创作。所以在塑造主体的过程中，必须以安全高效作为基础，对直播的画面镜头进行取舍。

塑造主体的目的不仅是为了使直播富有艺术魅力，更重要的是为了进行思想的表达。像改革开放 40 周年大会的直播，如果一个一个切换出受表彰的 100 个人物的镜头，这种操作对直播来说特别容易出问题，而且会给前后方参与直播的各个环节增加很多压力，但相较于这些问题和困难，对于表达改革开放这个重大内涵而言，却值得用这样的时间、篇幅一个个切出所有坐在台下被表彰的改革先锋人物，这是用直播的镜头语言向这些人物表达最崇高的敬意。

此外，用好标志性外景也是表达的一种方式。比如有一次在南京举办国家重大活动，开始只考虑了直播的客观性和真实记录，直播手段比较简单、单一，后来设计了南京长江大桥等标志性景观镜头作为整个直播节目的开篇，这就是在记录的同时有艺术创作，把大国仪仗、共襄盛举的这种辉煌气势更好地表达出来。

对于重大活动电视新闻直播而言，通过塑造主体，你要表达什么？你认为的重点元素是什么？直播中最能出彩的东西是什么？这些内容都要考虑到，因为直播是很有内涵的，需要反复思考。像白开水一样地简单记录，随便架一个机器的直播也挺多的，但重大活动电视新闻直播不能这样做，必须要真的有创作的思路，放到直播中去提前做准备，而不是一个简单的现场临时发挥。

直播是团队判断力、领悟力和执行力的综合体现。一场直播，是无数的案头工作，加上无数遍的演练和各环节的密切配合，要准备和演练很长时间，才能做到完整、从容乃至精彩地呈现现场。

关键词 34："带着飞机走"

高点拍空中梯队飞机的摄影师应该是"带着飞机走",而不是跟着飞机拍。跟着飞机一定会跟丢,但是"带着飞机走",是一种高度自信的、有充分把握的技能,镜头一定是完整的、从容的。这需要熟知飞行线路、规律并不断练习,细心钻研。

"带着飞机走"并不是真的让飞机跟着摄像机镜头改变航迹，而是说摄影师已经完全熟练掌握了飞机飞行的规律，完全有把握抓拍到飞机的后续飞行轨迹，以稍许的提前量来"引领"飞机航迹。

新中国成立 70 年庆典直播时用上了 4K 摄像机以及系统，所有的摄影师都需要适应用这种超高清摄像机去追踪空中高速运动的小物体，这是非常有挑战性的。

⬥ 拍摄飞机的高点机位

⬥ 拍摄飞机的高点机位与"建党百年"机群同框

⬢ AI 摄像机捕捉飞行编队

　　初期演练是在首都机场跟拍民航飞机起降，让大家熟悉拍飞机。这个过程非常重要，直接锻炼了大家的基本功。民航飞机起降阶段的速度是每小时 300 公里，练熟悉以后再去拍摄军用机。就是找到把飞机放到摄像机画面里的感觉，就是带着飞机走的感觉，然后再根据编排演练任务，进一步练习。在反复练的过程中找寻每个空中梯队的特点，不断优化直播镜头，最终做到追踪精准，画面完美。

高光时刻
HIGHLIGHT
MOMENTS

8

穿针引线
直播解说词的写作

在电视新闻直播中，解说词的作用十分显著，目的是让受众在看见画面、听见声音、感受到现场后，与整个直播活动现场产生共情。

解说词创作必须结合新闻事件现场的核心元素，努力把专业话语转化为老百姓的语言，用富有想象力的语言紧密贴合电视镜头叙事，一体表达。

8.1 功能：穿针引线 + 画龙点睛

电视新闻直播的解说词必须与画面相结合进行信息的表达，同时能很好地对画面无法全部呈现的背景资料和丰富意义进行补充、解释、说明，以便在直播过程中对视听画面起到穿针引线、画龙点睛的作用。

解说词创作要在写"实"上下工夫，因为"实"有内涵、有味道、有力量。

一是写"事实"。"建党百年"活动广场的布置、仪式的安排都匠心独运，在有限的解说时间里尽可能更多地交代背景事实，以加深受众对现场布局设计的理解。从巨轮起航的造型、礼炮门数响数、国旗护卫队人数步数，到人民英雄纪念碑正面的"胜利渡江"浮雕，再到"这是第一次在天安门广场以盛大的仪式庆祝党的生日""如此大规模的歼-20 编队飞越天安门广场尚属首次"，努力多给观众信息量。其中"第一次"和"尚属首次"两个新闻点是撰稿团队自己的梳理查证和提炼，相关部门提供的材料里是没有的，直播结束后一些兄弟媒体也就这两个点做了进一步的解读。

二是写"真实"。撰稿团队都是 70 后和 80 后，祖辈们冒过的血雨腥风、枪林弹雨，父辈们经过的艰难困苦、含辛茹苦，撰稿人无法切身感受，但是有幸亲历了中国大踏步赶上时代又开始引领时代的这 40 多年，大家深处其中，一些句子就是自己的真情实感，写着写着就从笔尖冒出来了，比如"人民中国日益强盛，中国人民自信自强""历史和人民选择了中国共产党，中国共产党没有辜负历史和人民""沿着党开辟的这条道路走到今天，我们志气更高、骨气更硬、底气更足"等。

三是写"平实"。撰稿团队没有去追求华丽的词汇，没有刻意地讲究技巧、节奏、韵律，很多的句子就是平常的新闻表述，像"从人民英雄纪念碑到国旗杆，这220米的距离，国旗护卫队用齐步、正步、齐步各100步完成"，似乎"简陋"得拿不出手，但是如果不说观众肯定不知道是300步，语言质朴而有价值。

在"国庆70周年"阅兵庆典电视直播中，主持人海霞和康辉结合电视直播画面进行解说，他们以饱含深情的朗诵风格，结合电视画面，有利于受众产生心灵上的震撼与情感上的共鸣，对电视直播内容产生认同感。

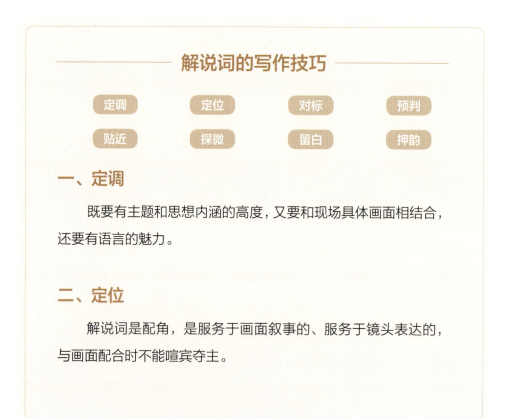

解说词的写作技巧

定调　　定位　　对标　　预判

贴近　　探微　　留白　　押韵

一、定调

既要有主题和思想内涵的高度，又要和现场具体画面相结合，还要有语言的魅力。

二、定位

解说词是配角，是服务于画面叙事的、服务于镜头表达的，与画面配合时不能喧宾夺主。

三、对标

解说词要把握正确的政治方向、正确的舆论导向，要仔细梳理出和活动相关的重要思想和论述论断，以这些内容作为解说词的基础和方向，用解说词内容与之对标，升华解说词的高度和意境。

四、预判

对于直播的重大活动主题以及即将宣告的重要内容，提前要有预判，在解说词里有所体现。解说词的主题要判断准确，根据主题来写解说词。

五、贴近

解说词撰稿人一定要融入整个直播导演团队，贴近直播创作思路，熟悉和了解总导演对整个活动的镜头设计和叙事阐述，有画面和摄影的基础，之后再去调整稿件。

六、探微

撰稿人要了解这场活动的主题、流程、方阵等全部细节。每个方阵要表达什么，装备的先进优点是什么，等等。这个过程中要和导演组配合在一起。

七、留白

　　解说词写得太满对直播有害无益，解说词写作应尽量使用短句，句子越短，越有力量。

八、押韵

　　有的段落解说词如果能够押韵，对整体效果会有提升。同时还要考虑各个环节，各种细节、特别是开头和结尾。

8.2 关系：增光添彩 + 浑然一体

　　解说词和现场报道相辅相成，现场画面镜头是第一位的，解说词是第二位的，但也不能低估解说词的分量，因为与画面配合得当的解说词，可以影响受众对所看到事物的态度。解说词是诉诸观众听觉器官的一种文字语言，好的解说词不仅利于观众看、帮助观众看、引导观众看，甚至在某种程度上还能够使报道升华。

　　解说词必须与重大活动的气质相结合。每个直播活动的风格气质都不一样，解说词要有针对性地与之结合，切勿做成"两张皮"。解说词不是简单的看图说话，不能只是对画面中看到的事物进行描述，但又必须得从画面中来，不能跟画面没关系。要找一个点跟画面产生关系，再去产生联想，然后再去升华情感，烘托气氛，达到解说词和画面完美配合呈现。如果把解说词和画面两者任何一个拿掉，都不能称为一场完整的直播。

　　配合直播画面呈现，是解说词最基本的功能。画面中看不到的一些信息，用解说词补充。

　　解说词的撰写不可能一遍就通过，需要一边写一边调整，这是一个漫长的过程。"国庆 70 周年"直播的电视解说团队从文稿的初次撰写到最后的定稿，撰写了上万字的文案，历经一百多次的反复修改，文案用纸高达近两米，经过精雕细琢，最后实际呈现的解说词只有 1 689 字，可谓字斟句酌、精益求精，但浓缩的都是精华，它给观众留下了不少走心的句子。

　　如"穿越漫长的历史风云，古老的长城见证了一个伟大政党百年的壮丽航程""当年，诞生 28 年的中国共产党用 28 响礼炮为新生的共和国奠基；今天这 100 响礼炮，昭示着新时代的中国以更加雄伟的身姿屹立在世界的东方""历史和人民选择了中国共产党，中国共产党没有辜负历史和人民"等。这些解说词的创作结合了现场的核心元素，努力把专有话语转化为老百姓话语，用富有想象力的语言紧密贴合电视镜头叙事，实现了声画有机不可分割的一体表达。节目播出后，很多解说词被观众和网友赞许称道，比如"长剑在手，敢缚长龙""少年当立凌云志，报效祖国会有时"等，被网友称为"文白结合，文采斐然，每一句背后都是中国式的浪漫和浩荡气魄"，留给了观众许多"独属于中国人的感动"。

解说词撰写实用技巧

发辉每个字的作用　　避免用简称或缩写　　慎用俗语

尽量使用短词或短句

一、解说词中的每一个字都要起到作用

删掉毫无意义的空话，使解说词简洁有力。

二、避免使用简称或缩写

缩减语是专家们或某一个领域使用的专业简练语言，一般受众不一定能懂，解说词中要尽量避免使用。

三、使用俗语时要慎重

俗语是约定俗成的语言，不一定能准确完整地表达当时解说词需要解说的现场情况，解说词撰写时要慎用俗语。

四、尽量使用短词或短句

解说词必须让人一听就明白，如果一句话写得过长，不符合中文的表达习惯；意图表达很多的想法，会影响解说词效果。

高光时刻
HIGHLIGHT
MOMENTS

9

插上翅膀

直播新技术的运用

电视新闻直播作为一项高度复杂的系统传播，是从组织协调到具体实施等各方面紧密配合、协同作战的结果。其中任何一个环节松动掉链子，都无法取得最后的成功。系统工程需要系统运作，重大活动直播需要"大配套"，在各项配套中，应特别重视搞好技术装备的高精尖配套。

9.1 技术创新带来的直播新突破

电视直播创新，说到底要依靠科技创新来实现，技术是保障大型电视新闻直播获得成功的重要基础。只有技术装备配套到位，才能确保各项高难度直播由构想变为现实，甚至去完成"不可能完成的任务"。近几年总台重大活动电视新闻直播之所以能够不断刷新报道纪录，有所突破，达到"世界一流，历史最好"的成绩，正是得益于直播技术上的不断创新。

关键词 35：适配

重大活动电视新闻直播是建立在技术基础上的艺术创作，技术为电视节目提供支持，节目内容则是技术得以发展的推动力。纵观我国电视新闻直播进程，每前进一步都是以新技术为先导，以技术与艺术的密切结合而发展的。新技术一定要用，但是不能滥用，要和重大活动直播呈现效果相适配。

俄罗斯红场阅兵直播时有一个摇臂搭到红场雕像那里，也就是拿雕像当前景去拍方队在这边走，效果特别好，所以说摇臂不见得一定要让它动起来，有时候是可以在一个特定的地方，就是别的机器去不了的地方，把那里当成一个固定机位。其实在很多电视画面呈现过程中，基础表达更多的都是固定镜头。现在很多活动、节目都需要有新设备，但其实新设备新技术要和活动本身相适配。

像在"国庆70周年"直播中，总台搭建了1个总系统加6个分系统，布设91个机位，以及34个微型摄像机，加上广场联欢直播，总机位达到177个，组成了中国电视史上规模最大、设备最先进、技术最复杂的直播系统。直播中还采用"天鹰座"索道摄像机、无人机、5G、4K/8K、VR等转播，创造性地将画面、声效、镜头语言和现场同期声巧妙糅合，首次

实现全流程、全要素 4K 超高清和 5.1 环绕立体声直播。直播中整个流程都是采用 4K 信号制作，也就是说从摄像机的拍摄采集、信号回传、调度切换、监看等，是一个全流程的 4K 制作。除了整个系统使用纯 4K 系统，总台还投入了大量携带 4K 拍摄设备的特种设备，这是以前从来没有过的。

技术创新让直播报道实现了多个重大突破：第一次使用升降塔拍摄时政画面，从而确保了时政画面饱满、鲜活、生动；第一次在阅兵沿线外侧使用移动拍摄车跟随拍摄，实现了在侧面、用平视角度拍摄阅兵对话的同框画面，使时空关系高度一致；第一次实现离中心区更近的索道摄像机架设，镜头的表现力和视角的覆盖面得到极大提升，使受阅部队（群众游行队伍）、天安门城楼同框；第一次在移动拍摄车上增加陀螺仪，大大提升了画面稳定性；第一次设置了近距离贴地机位；第一次自主研发仿真系统，提升了仿真系统的"仿真"作用；第一次把 4K 超高清直播信号引进电影院线……

"建党百年"直播因为技术创新也创下了"多个首次"：

——首次在重大时政直播中使用阿莱摄影机作为直播讯道拍摄单人镜头，全面提升了关键点位拍摄的厚重感和电影质感，实现了清晰细腻的细节表现、丰富饱和的色彩呈现。

——首次在天安门广场60米高空架设大跨度一维有线索道"天琴座"，实现了高速运动俯拍，得以完美呈现巨轮起航的造型和天安门广场气势恢宏的壮阔场景。

▲ "天琴座"实现的壮阔场景俯拍

——首次实现二维有线索道"天鹰座"400米极限跨度架设，全程在广场上空移动拍摄大量精彩的运动镜头。网友惊叹"整齐得宛如复制粘贴""这就是中国排面"的国旗护卫队正步行进画面，与天安门城楼同框的国旗最后升到顶的经典画面，都是"天鹰座"拍摄的。

◔　"天鹰座"俯拍的天安门广场全景

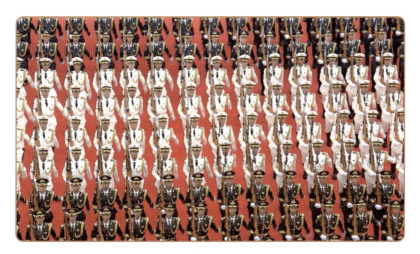

◔　"天鹰座"拍摄的精彩运动镜头

——首次使用 4K 系留无人机拍摄系统，以从北向南、升高 80 米的高角度，俯瞰广场的大全景，在观看空中梯队飞行表演和重要讲话段落，使用这一机位呈现舵手视角的巍巍巨轮和天安门广场。

——首次在高点位置使用基于人工智能的自动跟踪拍摄系统，实现空中梯队的特写拍摄。

——首次使用 3 架 4K 航拍直升机，通过航拍接力飞跃南中轴线进入天安门广场上空，实现庆祝活动精彩开篇镜头拍摄，成为直播的一大亮点。

⬥ **精彩的航拍画面**

——首次使用双头轨拍摄国旗护卫队行进画面，达到了比斯坦尼康镜头更稳定、仪式感更充分的效果。

——首次使用自主研发独立升降装置并搭配三轴陀螺仪，实现了高点遥控机位稳定拍摄。

——首次在天安门城楼下启用最新建成的 8K/4K EFP 系统，在现场完成 8K 节目实时切换，录制 8K 视频资料。全程实施包括 2 部高倍、5 部广角在内共 7 个 8K 有线讯道机的实时拍摄、切换、录制，城楼上、观礼台及高点同时布设 5 套 8K 单机拍摄收录。

——首次以高塔集群破解城楼拍摄难题。天安门城楼高 34 米、长 66 米，传统桥窝机位仅高 5 米左右，女儿墙东西侧领导同志画面拍摄是一大难题。直播团队此次启用 4 部重型升降塔陀螺仪长焦镜头，最高升至 12 米实时拍摄，电视画面平稳流畅。

——首次启用 TRINITY 特种设备实施环绕拍摄。该款混合式摄影机稳定器结合了传统的机械稳定结构和先进、灵敏的 5 轴控制能力，配合稳定的微波传输信号，操作者可以无比流畅、大范围与精细地控制摄影机运动轨迹。直播系统首次将该设备引入重大时政直播现场，以前所未有的视角展现三军仪仗队阔步行进、青少年群体献词等经典镜头，特别是摄影师从四位领诵者正向切入、环绕移动至领诵者后方，使广场与城楼情绪和气氛融为一体，大大增强了镜头语言的穿透感与表现力。

●　　测试 TRINITY 特种设备拍摄减震臂

正是由于技术创新，"建党百年"直播创造了十几个让人过目难忘的经典画面。如穿越巨型党徽再摇到国旗护卫队行进的长镜头、党徽与"100"字样飞机梯队同框、纪念碑与"7·1"字样飞行梯队同框……

⬥ TRINITY 特种设备实施环绕拍摄直播画面

"建党百年"直播经典画面 - 开头

"建党百年"直播经典画面 -71 架战机，护旗梯队

"建党百年"直播经典画面 -100、71 字样，歼 20

"建党百年"直播经典画面 -10 道彩鞭

"建党百年"直播经典画面 - 电子屏幕

"建党百年"直播经典画面 - 和平鸽气球

"建党百年"直播经典画面 - 礼炮

■ ■ ■

关键词 36：即时收录回放

　　在重大活动电视直播中，对直播信号可以即时收录、再剪辑和播出。尤其是即时剪辑的运用，使得大型直播对重点段落中的重点环节有了更丰富的表现手段。

直播中的一种特殊手法

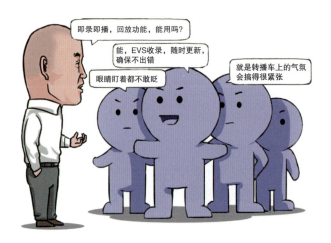

即录即播，回放功能，能用吗？

能，EVS收录，随时更新，确保不出错

眼睛盯着都不敢眨

就是转播车上的气氛会搞得很紧张

有人会提出疑问：即时收录和即时剪辑是否会影响直播属性？这种疑问不无道理。需要明确的是，即时收录的内容必须是现场正在发生的真实情况；即时剪辑不能改变现场发生情况的逻辑顺序和真实面貌。

即时剪辑一般适用于精彩回放，比如，体育比赛的回放镜头和阅兵式的精彩回放。即时剪辑也可用于应急处置，如传输线路设备突发故障，信号时断时续，此时可收录时间差异性不大的镜头，也就是早 30 秒和晚 30 秒区别不大的镜头，这样的镜头使用即时剪辑应急，是为了整体直播能够顺畅进行，同时利用"时间线"上的一段冗余（画面或者声音）进行替换，并没有改变新闻现场本身的内容。

实际上，改变新闻直播的内容是迟早会穿帮的，这是每一位直播人员必须牢记的原则。

9.2 直播中的"特种兵设备"

（一）全 4K 超高清直播及 8K 制作

"国庆 70 周年"庆典直播是总台首次在重大活动直播中构建节目制作、传输、播出全链路 4K 制播体系。前方大型 A 类 4K 超高清转播车内部信号采用了 SMPTE 2110 标准作为 4K 超高清视频和音频信号的传输协议，共采用 103 个 4K 超高清机位，4 套 4K 超高清转播系统，复兴路 800 平方米 4K 超高清演播室接收分系统 4K 超高清信号进行总成包装，完成公共信号制作任务。

为了确保 4K HDR 超高清和高清同时播出的图像质量，技术部门设置了技术质量专项工作组，总体把控各分系统每一台 4K 超高清摄像机的图像指标、色彩一致性和下变换准确性[1]；研判并协调各环节对全链路视、音频信号时延进行调整，确保声画同步，确保 4K 超高清 / 高清同播画质。在直升机航拍过程中，双机编队协同航拍并配置两套 4K 超高清航拍直播系统，在空中指挥、双机协同、拍摄手法等方面取得新突破。

（二）5G、微波 4K 超高清传输

直播信号的稳定传输是直播技术中的关键一环，现场采用全新传输模式确保移动传输稳定，实现了天空地面全程覆盖、特殊角度镜头丰富呈现及低延时。

---

[1] 高格式的信号采取更低的格式输出时，确保节目信号质量不出现问题。

——首次将 4K 移动微波传输设备应用在阅兵新闻采访车信号传输中。在有限的载波带宽内，实现了高视频码率传输，微波传输端到端延时低至 20 ms；首次采用 4K 固定微波传输设备传输 A、B、C、D 四个系统的 PGM 信号，码率达到 65 Mbps。

——实现装备方队移动微波无人值守传输。充分利用微波 7 GHz 频率特性，实现地面装备方队和花车特殊角度机位的信号传输；采用微波滚进式接收，实现信号在有效窗口内覆盖。

——首次使用 5G + 4K 技术完成室外移动场景下大规模超高清视频直播。"国庆 70 周年"转播活动中，共有 5 个特殊机位镜头使用 5G + 4K 技术进行直播，信号稳定、画面清晰。总台联合中国移动、中国电信、中国联通三大运营商以及华为公司就长安街沿线 5G 信号的覆盖情况进行了百余次实地传输测试、比较和验证，实现了东单至天安门西 5G 信号的连续无中断覆盖。总台使用 5G 独立组网（SA 方式）商用网络，设置了专用网络通道，规划了专属频段，并对直播终端设置了专有优先级，在避免外部干扰的同时有效地保证了网络速率和容量。

——"5G + 4K"直播全流程采用国产化技术实现。拍摄端采用了国产 4K 微型摄像机，在前期与摄像机厂家详细确认了设备拍摄参数，满足了总台 4K 超高清电视节目制播技术的规范要求。

——采用了我台与国产编解码器设备厂商联合研发的国产化便携式 5G + 4K 直播背包设备，实现了背包设备的轻量、便携和可移动。高度集成的 5G 移动背包全面支持总台 4K 超高清电视节目制播技术规范，具备 4X3G SDI、12G SDI、HDMI 等多种接口输入及 USB 数据传输接口，待机时间基本符合常规直播要求。

——首次在直播中运用 5G 网络捆绑、编解码纠错、5G 切片、AES 数据传输加密等新技术，保证了 4K 超高清画面在长距离移动中，多基站切换时传输的质量及稳定性。总台技术部门与三大运营商、华为公司以及编解码器设备厂商密切合作，成功实现了多路 4K 超高清画面同时通过 5G 网络安全稳定回传至总台，经新媒体信号调度分发系统，将 4K 超高清信号分别发送至现场 A 系统转播车和央视新闻客户端及 5G 新媒体平台，为电视大屏和央视新闻、央视网等新媒体客户端提供了独具特色的 5G+4K 超高清主观镜头画面。

在现场架设固定微波传输设备

技术人员在受阅装备车上安装微波传输设备

在移动跟踪拍摄车上架设微波传输设备

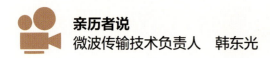

亲历者说
微波传输技术负责人　韩东光

在"国庆70周年"盛典转播中，总台以"世界一流，历史最好"为总目标，构建了我国电视史上技术最先进、系统最复杂、制作规模最大的转播系统。其中首次大规模部署使用的4K微波传输系统负责阅兵车、新闻采访车、航拍直升机、受阅地面方阵机位、受阅空中梯队机位、群游彩车机位等30路4K信号的传输任务，整个系统的成功设置和使用，是一项极具挑战的工作。

微波传输，是在一定空间内（几公里到几十公里）无法布设线缆的场景下，采用调频调制、调幅调制的办法，将图像搭载到载波上，转换为电磁波进行无线信号传输的技术手段。它的优点是自主可控、实时传输、有扩展性、即插即用等。但是它也有一些劣势：由于传输空间是开放的，在大城市这样的环境里，无线电波比较复杂，专用、民用信号种类繁多，可用频谱资源稀缺，易受到外界干扰；且微波信号为视距传输，中间不能有建筑物遮挡。

综合考虑微波信号的传输特性，我们亟须解决的第一个难点是为整个系统中的所有无线机位选择合适的频率。相比于高清信号，4K信号传输需要的频谱带宽增加了1~2倍，用传统的系统方案根本不可能实现30路4K信号的同时传输。结合长安街地形的特点，我们主动打破了高频率不适合做移动传输的常规思路，在阅兵车、新闻采访车、受阅地面方阵和群众巡游队伍中大量应用7 GHz频率，将最为稀缺的2 GHz频率留给5个空中机位使用，成功地解决了频谱资源短缺的问题。

我们碰到的第二个难点就是要将无线传输的不确定性变成确定性，将不可能变成可能。众所周知，信号的无线传输充满了不确定性和变数，2辆阅兵车和1辆新闻采访车的信号传输是此次微波传输系统的重中之重，但是在天安门广场和长安街沿线如此复杂的环境下，必须将3辆车的信号传输做到万无一失。我们的技术团队从2018年10月就开始在长安街沿线进行模拟测试，根据测试结果最终选择外交公寓和中国社会科学院作为阅兵车和新闻采访车的微波信号接收点，2个接收点互为主备。同时，为了保障车辆快速移动时载波幅度的始终如一，我们在发射端使用了波束角度较小的喇叭天线以减少多径干扰造成的影响，大幅提升了微波信号的强度和稳定度。在确定技术方案后，2019年1月至4月，我们多次奔赴长春与中国第一汽车集团有限公司商讨车体改装方案，根据人员操作习惯调整微波设备、发射天线和供电设备的安装方式。最终在直播当天，3辆移动车信号全部稳定传输，圆满完成了最艰巨的任务。

第三个难点是如何知晓我们的信号架设和接收点的选择是否成功。我们通过一种设备频谱分析仪来化无形为有形。它的主要功能是对信号失真度、调制度、载波稳定度和有无干扰信号等方面进行测量，我们通过它来测试发射端和接收端设备信号的稳定性以及参数指标是否能达到使用标准。在整场直播中，阅兵车、新闻采访车、航拍直升机、特殊视角机位（坦克主观视角、花车视角、空中飞机看飞机主观视角等）都是通过微波传输的，其中像飞机舱外架设的微波传输设备，我们是不可能实时跟着它监测的，这就需要在架设时用频谱分析仪测试好信号参数。每个涉及微波传输的机位和长安街上的微波接收点位，都是这样通过反复检测一点一点确定下来的。此外，我们也汲取了2018年海上阅兵转播的经验，在长安街沿线设置两处微波信号监测点，当地面受阅方阵和群游彩车方阵行驶至距离天安门3~4公里的距离时，就可提前监测到微波信号指标，帮助技术团队判断信号传输质量，为系统调整争取宝贵时间，提高了整体系统的容错能力。

最终无线传输和有线传输还需组合成一个转播系统使用，这时我们就会面临第四个难点：延时。在领导人登车检阅部队的环节中，阅兵车、新闻采访车是无线信号传输，拍摄各部队的地面机位都是光缆传输，所以在首长与受阅部队双方对话时，画面会有延时产生，声音也会有不同步的风险。为应对这种情况出现，我们使用了当时最低延时的微波传输设备，端到端延时仅有20 ms，极大地降低了转播车系统对信号进行延时处理的难度，可做到与有线机位互相对切。

微波传输团队经过近一年时间的准备和测试，攻坚克难，构建了国内最先进的4K微波传输系统，为今后重大活动中微波设备的使用起到了示范作用。

（三）"新闻云"和 AI 应用

在"国庆 70 周年"报道中，还有一些非常值得一说的新事物、新技术运用，以下简单说说"新闻云"和 AI 制作。

在"国庆 70 周年"直播报道中，技术部门将 70 路前方各系统信号以 IP 方式全部送入总台"新闻云"系统，"新闻云"同时汇聚了总台国内外记者自采新闻素材以及地方台和国际通讯社的新闻素材，有效地支撑了总台新媒体 1+7 路 70 小时的直播报道和微视频生产。

而 AI 制作，也就是人工智能视频剪辑，在某些方面跑赢了人工发稿。技术部门为此次国庆庆典的新媒体报道专门开发了基于 AI 技术的视频智能剪辑平台，实现了每个受阅队伍、游行方阵通过观礼台时精彩视频的自动剪辑。视频智能剪辑平台以图像识别技术为基础，结合语音识别等 AI 技术，设计开发了队伍方阵识别、有效镜头检测、自动合成剪辑三类 AI 处理模型。

对 AI 的创新使用成为这次阅兵活动报道中的一个亮点。AI 是有"灵魂"的剪辑师，能够充分利用每一路信号画面进行完整组接，从而展现每个方队、方阵经过天安门的全部过程，时长达 1 分钟以上。央视新闻在客户端、微博及微信等多维渠道推出《AI 剪辑！大阅兵》专题，通过 AI 智能剪辑不同方阵的阅兵短视频，保证现场画面剪辑迅速实现"一键出片"。

AI 技术的引入改变了节目生产方式，提高了内容生产效率。视频智能剪辑平台的应用也是总台首次将多种人工智能技术综合运用于大型新闻报道中。

（四）呈现完美三维环绕立体声体验

"国庆 70 周年"庆典直播是总台首次在重大活动直播中实现环绕声音频直播。其间，在天安门广场和阅兵沿线进行环绕声声场空间制作，首次在 D 系统移动车上随车进行环绕声声场拾取。

直播笔记
声音展示与制作

现场声音的展示要考虑到三方面的声音元素：同期声（现场语言）、环境音、音乐。声音的制作要考虑到延时因素，按照物理学中声学的传播特性，每秒 340 米的传播速度相当于有两秒多的时差，通过测量反射声时差，延迟现场扩音时间，可以保证扩音时声音和反射回声音的同步。广场上唱歌时口型与现场伴奏两方面声音要对齐，也需要用声音的延时进行找齐。

在声音展示与制作方面，首次使用总台第一辆 IP 架构三维声录音车、三维声标准制式话筒参与直播，用来拾取广场大场面的宏观音效。

首次运用 AOIP（Audio over IP）技术，从观礼台西耳房到总台复兴路办公区，通过光纤实现 IP 远端传输，极大地拓宽了远端回传带宽，最大限度地缩短了声音回传延时并实现了声音互传。长达 7 公里的距离，传输音频信号延时量仅为 0.1ms。

现场各系统对共计超过 300 路信号进行了原始声音素材的多轨记录，为后期精品节目生产和出品三维声版本、配合 8K 节目制作奠定了基础。

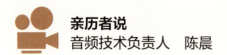

亲历者说
音频技术负责人　陈晨

声音元素展示不完美，再好的画面也是大打折扣的。所以，同期声（现场语言）、环境音、音乐，这三方面声音元素的配比是大型直播中非常重要的一环。

在"建党百年"庆典直播现场，有联合军乐团、合唱团、朗诵团和领诵员，这里面有演唱的人声、有诵读的人声、有纯乐器伴奏的声音等等。就拿四位领诵员来举例，四支拾音话筒的摆放位置经过反反复复验证，四个人转身走向话筒的位置必须是固定的，差一步都不行，话筒的仰角也是非常精准的，我们都是结合几位领诵员的身高调节好的。位置角度稍有偏差，声音都会有很大损失。除了四个人领诵，整个朗诵过程还有所有孩子齐声朗诵的部分，这个时候还要收一些领诵员的声音，从而让大家的声音融为一体。作为音响保障团队，类似于这样的细节问题我们遇到很多很多，我们都是通过一点点试水，最后约定好最佳的操作方式，从而在直播过程中呈现完美的音响效果。

　　延时的问题是现场声音系统需要解决的大问题。比如"国庆70周年"阅兵的礼炮阵地，它设在天安门广场正阳门北侧小广场，距离天安门城楼有800多米的距离，按照物理学中声学的传播特性，每秒340米的传播速度相当于有两秒多的时差，所以一次礼炮鸣响，人耳识别就会听到两次响动。为了解决这一难题，音响保障团队通过测量反射声时差，延迟现场扩音时间，保证扩音时声音和反射回的声音同步，通过巧用延时的方法解决了回声问题。再有就是在广场上唱歌时口型与现场伴奏两方面声音要对齐，这也需要用到延时。因为在广场上演奏，距离其他方位都有一定的距离，这个时候为确保拍摄主体人物口型可以和现场演奏的节奏对上，需要通过延时的方式进行找齐。

（五）4K 超高清影院直播

在"国庆70周年"转播活动中，总台还首次将庆祝活动在影院进行直播观影呈现，这是4K超高清时代电视与电影相融的有益尝试。

此次直播，通过国家电影局的卫星传输通道，将数字电影文件拷贝的传统途径用于直播信号的传输，利用广播卫星高可靠、广覆盖的特点，快速打通了4K超高清直播节目在70家影院播出的实时传输通道。通过对既有电影播放设备的兼容性适配，充分利用影院现有条件，实现了广播电视4K超高清信号的兼容播出。

特种设备是设备中的"特种兵"，能创造出意想不到的视觉效果。

在"国庆70周年"阅兵直播中，共有50多个方（梯）队和联合军乐团，100多架各型飞机、装备近600套，是近年来重大活动中规模最大

的一次。为了带给观众更沉浸的全景观看体验，直播现场投入各类型 4K 特种设备 32 套，投入特种设备规模、使用技术先进性均创历史之最，在世界范围内的大型直播中也是没有先例的。

国产自研设备比重高，重要特种机位信号首次全部实现 4KHDR 制作，通过远距离多功能光纤传输系统，实现 12G SDI 信号、摄像机参数控制、双向通话、TALLY 等数据的可靠传输。

从接到直播任务开始，特种设备团队就进行了明确的分工，从设备的选型、研制到改造、适配都凝结了每个特种设备工程师的智慧和汗水。从横跨长安街的"天鹰座"到跟拍用的陀螺仪稳定摄像机系统，无论是长度 20 米的伸缩摇臂，还是高度 12 米的重型升降塔，都在庄严雄壮的场景下拍出了完美的画面，真正体现了特种设备在拍摄中从增光添彩到不可或缺的角色变化。

以下逐一介绍 5 种代表性的特种设备：

1. 索道摄像机"天鹰座"

在这次阅兵中,长安街高点的中线视角给观众留下了深刻印象。这一视角是通过总台自主研发的二维索道摄像机"天鹰座"拍摄的。

在"天鹰座"4K 升级改造过程中面临着诸多难题:

第一个难题是技术及设备问题。将原有高清系统升级到 4K 系统,并不是简单的信号源置换问题。在确定 4K 信号源之前,特种设备团队需要根据大量调研信息挑选出更符合"天鹰座"的广播级 4K 标准摄像机,将其安装在"天鹰座"的陀螺仪框架上后,配重、动平衡的调整都花费了很大工夫,同时原有陀螺仪的框架系统为摄像机供电的功率已经不能满足要求,需要重新升级。

第二个难题是信号传输问题。"天鹰座"运行过程中要求能够实现360° 连续旋转拍摄,这期间就要求 4K 信号通过吊舱系统中滑环的环心实现信号的连续传输。4K 信号每一次在视频线的节点及滑环出入口的传输中都会造成信号的衰减,导致信号不可靠。为此,在硬件方面,技术团队挑选了能满足 12G 信号传输、满足软细程度要求、适用于陀螺仪吊舱中的线缆,并选用了更高频、更可靠的滑环,出入口选用标准 BNC 接头。此外,还增加了均衡放大功能,以保证最终传输出来的信号足够可靠。在软件方面,对"天鹰座"的控制软件进行了优化处理。

第三个难题是架设难度。这次架设分别在中山公园、天安门广场用 36 米的高塔及 40 米的吊车作为架设支点。不过由于中山公园中都是古迹,如何安全可靠地完成公园内 100 米的传输成为难点。为此,团队前期做了充足的准备和筹划,以保证不破坏环境里的一砖一瓦。架设还面临时间紧的问题,为避免给交通带来影响,在保证高空安全的情况下,最终利用两次 15 分钟的断路就完成了长安街 400 米索道升空架设工作。

● 二维有线 4K 索道摄像机系统（天鹰座）及拍摄画面

2. 隐藏式遥控微型摄像机系统

在"国庆 70 周年"阅兵当天晚上的群众联欢活动中，有一个创新机位，也是唯一一个从天安门城楼正中央的视角拍摄的广场联欢画面。这个摄像机是国产的 4K 微型摄像机，在满足图像质量且不影响领导人检阅的前提下，尽量减小摄像机体积，并且在不需要的时候通过远程遥控将这个摄像机隐藏在天安门城楼正中央的墙脚下面。需要拍摄的时候远程控制此摄像机缓缓升起，拍摄出视角独特的画面。

⬥ **隐藏式遥控微型摄像机系统**

3. 超长悬臂陀螺仪稳定 4K 摄像系统

此次直播首次使用 30 米超长悬臂陀螺仪稳定 4K 摄像系统（水泥泵车改装），置于天安门西侧长安街中央上方，实现了陀螺仪稳定平台的远程遥控，为受阅队列提供正面压缩镜头。

4. 可升降双头轨道系统

在满足总台全 4K 化的总体目标之外，特种设备的改造升级还需要满足导演组、编导的拍摄需求，可升降双头轨道系统正是因此而来。可升降双头轨道架设在天安门广场正对面的旗杆下，轨道长 70 米，主要跟拍受阅部队通过天安门广场的镜头。但回顾以往阅兵，都是使用单头轨道搭配一台普通摄像机。由于轨道高速运动过程中会晃动，画面也会随之产生抖动，因此最终输出的几乎都是大全景。而此次阅兵中，导演希望在完成全景画面拍摄的同时还能提供一些中、近景画面。

为此，技术工程师将单头升降轨道改装为具备三轴陀螺稳定的可升降双头轨道系统。整个轨道系统是依靠拖链系统完成有线图像传输的，拖链置于轨道内部，由轨道车拖动，其自身的重量会带来很大的摩擦阻力，轨道系统扩展至70米后，阻力过大导致轨道车根本跑不动。与此同时，装甲车的轮胎在与地面不断摩擦的过程中会产生大量的硬橡胶颗粒，而轨道车是距离阅兵方阵最近的一个摄像机机位，这些颗粒飞沫以及装甲车行驶中扬起来的尘土最终都大量地堆积在轨道面上，就如同给拖链系统又增加了一层"砂纸"，使得摩擦力在原有基础上"雪上加霜"，彩排期间甚至烧毁了轨道车驱动模块。对此，技术工程师们自主研发了一套滑轮系统来替代原有的拖链机构。滑轮系统采用滚动摩擦，大大降低了轨道车的牵引负载，阻力由原有的160牛缩减到仅有10牛，基于这一突破，最终可升降双头轨道系统顺利地完成了70米大跨度的高速移动拍摄。

⬥ **可升降双头轨道系统及拍摄画面**

5. AI 自动跟踪拍摄系统

阅兵中空中梯队是一大亮点，但对于拍摄而言难度其实非常大。与平时拍摄位于上千米高空的空中飞行物不同，阅兵中的空中梯队要求离地很低，仅 500 米左右。这一高度对于在其正下方的拍摄而言，速度非常快，飞行轨迹判断及跟踪难度很大，因此此次直播中在开放式陀螺仪的基础上增加了图像处理的运算能力，利用图像识别技术识别拍摄目标并预判它的飞行轨迹，融合 4K 超高清图像采集、智能识别等最新技术，采用高精度陀螺仪搭配 45 倍长焦镜头，能够快速捕捉、稳定跟踪空中梯队，提供飞机编队的特写镜头。

⬥ AI 自动跟踪拍摄系统及拍摄画面

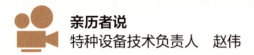

亲历者说
特种设备技术负责人　赵伟

　　索道能够用于典礼性直播，这不只是技术的突破，更是总台重大活动直播的一个大突破，我们总台专门成立了一个小组来应对这个事情。

　　索道长度 400 米，架设高度 40 米，飞行在数万人的头顶，首先要证明这条索道是安全的，为此我们召开相关专家论证会，进行各种各样的测试和计算。比如证明我们嵌入光纤的牵引绳是安全的，为了抵抗无线干扰我们自己研发了兼具有线信号传输的牵引绳，自己研发的不是国标产品，就要用更多的严格测试来形成报告，证明它的安全性。再比如要求索道系统能抵抗 12 级强风，尽管天安门有史以来没出现过 12 级风，但是必须按照 12 级风来模拟计算，计算不通过，就不能使用。抗风等级提高了，吊车也要换成 100 吨的，地面能否承受、使用的摄像机电池是否安全、怎样证明它安全？一系列问题随之而来。

　　解决了进场问题，索道技术让直播节目有了突破。"国庆 70 周年"阅兵的时候我们每个受阅方阵都有索道镜头的设计，它的高空视角充分地表现了方阵和广场的关系，新的视角非常好用。技术的创新，加上人的意识进步，实现了节目的突破，技术和节目是相互成就的。

▲　**重型伸缩摇臂**

团队合作很重要。从"国庆70周年"阅兵直播筹备开始，总台有一个大变化就是让技术骨干参与到节目组导演组初期方案讨论中去。这样不仅大大提高了效率，也让我们有了更多的操作时间，技术和节目的契合度更高了。比如说，导演组头脑风暴想出一个压缩镜头，就是把所有部队全部装在一个镜头里面，用来展现受阅部队浩浩荡荡前进的气势。但是长安街是一条直线，没有办法在路中央架设这个镜头。正是因为这个小组联合机制，让我们很早就知道了这个需求，于是我们开始去想办法。如果没有这个机制，等编导把方案提交出来，再让技术部门去想办法，可能已经来不及了；抑或他们早早地就知难而退了。

后来我们很快就确定了一个方案。我们发现了一台水泥泵车，它的作业臂非常长，关节非常多，可以侧着伸出几十米，而且作业臂截面积很小，符合我们的使用要求。于是我们对这台水泥泵车进行改装，加装了遥控的陀螺仪和长焦镜头，这就是 30 米超长悬臂陀螺仪稳定 4K 摄像系统。

● 30 米超长悬臂陀螺仪稳定 4K 摄像系统（水泥泵车改装）

长安街 88 米宽，我们利用这套组合设备将摄像机镜头探出 30 多米，悬在了长安街中央，成功拍下了受阅部队前进的压缩画面。

🔺 水泥泵车改装后在行进道路中线拍摄的压缩画面

装备方阵

人员装备浩浩荡荡，加上空气扰动的光影效果，气场十足，成为"国庆70周年"阅兵直播的经典镜头之一。

高光时刻
HIGHLIGHT MOMENTS

10

面向未来
想象直播的极致

直播是电视媒体最具特色的内容，也是电视媒体的魅力所在，是提升电视媒介核心竞争力的有效手段。

随着社会的发展和技术的进步，电视直播也在逐步发展变化。尤其是近几年人工智能技术飞速发展，为广大受众在更广泛的范围内观看直播提供了可能。同时，这也促使我们思考电视直播的边界拓展。

10.1 探索极致："世界一流，历史最好"的边界追求在哪里

一、"时间线"上创作的无限可能

国庆 35 周年、50 周年、60 周年、70 周年庆典直播，是一个不断进步的过程，无论是导演镜头创意，还是摄像机位、角度、景别表现，还有技术手段、设备应用都让这条"时间线"不断丰满、细化。同样是两个多小时，从 1984 年到 2019 年，随着电视事业的发展，直播镜头数翻了几番，增加的是以往我们由于各种条件所限而没有抓取的真实存在。时代的进步、技术的进步、导演理念的发展、摄影视角的拓展，正好让我们弥补、完善这条"时间线"上应该但以往不得不舍弃的遗憾。那么这条"时间线"上还有多大的空间供未来的导演、摄影才俊们"腾挪"？提供直播创作的无限可能，是我们的期许，也是总结这些关键词的初衷。

二、直播视角边界的延伸

（一）运用新的设备技术拓展全景视角

今后将借助直升机、无人机、探针摄像机等拍摄先进手段，水陆空全方位地拓展镜头视角，使直播的观赏性大大提升。整个重大活动直播可为受众提供一个边界更加广阔的、立体的、动态的直播场景。

（二）基于丰富场景体验的全新沉浸视角

在虚拟现实技术、人工智能技术、传感技术的支持下，可通过场景还原、人机互动等无缝场景切换使沉浸视角得以实现，为受众营造更加丰富的"身在现场"的真实感。

三、直播理念边界的延伸

（一）全媒体时代直播要素全面参与

时间线上的"主体元素"如何腾挪？传统的电视媒体受播出时间的限制，是"有窗口限制"的直播，要根据总节目单由播控系统制定严格的播控切换时间。手机小屏直播是"无窗口限制"的直播，只要报道团队觉得现场重要，直播就可以进行下去。全媒体平台根据不同平台的传播特点，大小屏分类、分时段开设直播，在仪式活动正式开始后可并机直播、也可个性化自主直播。

（二）充分运用新技术设备

5G 时代，移动传输拓展了直播的维度；航拍器普遍应用，拍摄视角更加立体，视觉效果更加震撼。近年来，多个直播系统平台搭建不断改进和应用，原本仅限于一场仪式的直播可以扩展到对活动全流程进行直播展示，从而凸显庆典仪式活动的主题。

（三）直播在新媒体端同步短视频化即时传播

传统电视直播具有线性播出的特点，只能在电视直播结束后，再依次在各电视节目、网络端进行二次分发和传播。全媒体时代，可以在电视直播同步进程中收录画面，进行短视频碎片化加工，在直播进程中同步在新媒体端转发，在微博等平台形成话题，登上微博热搜，在朋友圈、微信群引发舆论关注。

10.2 内容上的趋势

　　未来电视新闻直播是一个用户反馈机制，直播到什么程度、要做什么调整，其实是受众反馈的一个结果，受众在很大程度上参与到电视新闻直播中来，它的交互性是直播重要的组成部分，甚至在很大程度上会影响着直播的未来，未来电视直播会越来越呈现出交互性的特征，越来越呈现出用户参与的特征，会在很大程度上改变既有的单向传播形态，变成一种多向甚至是更多维的传播形态。

　　其次，直播语态要融入新媒体的话语体系中。如果进入不到这个话语体系，就没有办法和用户实现真正意义上的对话，对电视新闻直播的内容生产是非常大的阻碍。

　　另外，善于运用慢直播这种直播方式，选择那些受众真正关心的直播内容，做深做细，带动整个直播中的用户反馈，形成议程设置话题。

10.3 技术上的趋势

直播技术出现以前，人们需要通过电视、广播、报纸预先采制再编辑播出、刊发等途径获取新闻信息，这种方式普遍存在信息传递速度慢、准确性较差等弊端。科学技术的不断进步使得媒体直播形式广泛深入到人们的生活和工作中，例如最为常见的《春节联欢晚会》《新闻联播》等节目，就充分利用了电视直播技术。新时期，人们的生活水平不断提升，对精神文化的需求越来越高，对直播形式的便捷性、高效性和即时性也提出了更高的要求。为了充分满足受众需求，需要积极引入现代化直播技术和设施设备，同时要保证直播人员具备一定的专业水平，能够熟练掌握直播技巧和操作规程。传统电视直播技术与新媒体 5G 直播技术各具优势，在媒体融合的背景下，促进两者优势互补已经成为大势所趋。在保证直播信号传播过程安全、稳定的同时，以丰富多样的直播形式扩大传播范围，为受众提供更加优质的信息服务，同时满足人们的视觉需求和精神文化需求，这也是直播行业需要致力于研究的关键课题。

有观点认为，电视新闻直播技术上的发展趋势是轻量化、移动化和IP 化。这三个特点决定了未来直播中的设备会不断变得更轻更小，同时成本更低，可以满足节目制作部门对于节目多样化、使用镜头景观更丰富的需求。比如一个导演要去四川做直播，按照传统直播方式需要大概 7 个机位、1 个卫星车去传回音视频。未来依靠直播的轻量化系统，可以很便捷地把直播设备运到新闻事件的现场，用 5G 网络就可以开始直播，相当于以往直播中涉及的光缆、转播车等技术壁垒都没有了，只用到背包，然后通过无线网络传回总台就可以直播了。另外一个就是 IP 化，IP 化最大的优势就是资源和信息的共享。IP 化的这些信号回到总台之后，通过总台的集中分发平台，可以同时分配到总台各个演播室当中去使用，相当于节省了很多前期投入的时间和物力成本。云切换加本地切换，再加上基于 5G 网络融合切换的这么一个制作场景，未来只需要去 2~3 个人就可以完成传统直播中大量人力全程直播的保障任务，体现出了轻量化系统的优势。

5G 应用也向轻量化发展。比如说电视机构的编导由于种种原因不方便到新闻现场，只需要将摄像和直播所需的一些传输设备背包拉到前方去进行拍摄，记者实时在云端或者在远程端进行远程制作，或者运用虚拟同框技术的优势，就可以解决记者无法及时赶到新闻现场的问题，相当于模拟出来一个交互场景，逐步从传统单向传输的技术形式变成互动型的节目直播形式，这样就可以制作完成非常精良的节目。

《中国网络视听发展研究报告（2024）》显示，截至 2023 年 12 月，我国网络视听用户规模达 10.74 亿，成为第一大互联网应用类别；网络视听行业市场规模实现了历史性突破，首次迈过万亿大关，达 1.15 万亿元。获取新闻资讯及学习相关知识成为用户收看短视频的重要原因，短视频平台已经成为网民获取新闻资讯的首要渠道。据中国互联网络信息中心（CNNIC）的统计，截至 2023 年 12 月，我国网络直播用户规模 8.16 亿，已经深入娱乐、教育、商业等多个领域，新闻直播是深受网民欢迎的网络直播类型，成为拉动网络视听行业市场规模的重要力量。

随着数字媒介时代的到来，当智能终端手机普及后，人们可以穿梭在线上线下，体验到实体的真实空间和用文字、影像等再现的虚拟空间之间的连通，这会逐步成为今后大众的习惯：每个人对日常事物的感知和对信息的获取再也不是大众媒介所呈现的单一视角，而是越来越依赖于日常生活碎片化的技术感知，由大众虚实交融的生活实践汇总而构成，大众能够广泛地参与新闻的生产和传播过程，这是一个非常大的变化。

2022 年 11 月，人工智能技术驱动的自然语言处理工具 ChatGPT

推出，迅速在社交媒体上走红，短短 5 天，注册用户数就超过 100 万。2023 年 1 月底，月活用户已突破 1 亿，成为史上增长最快的消费者应用。ChatGPT 能够通过理解和学习人类的语言来进行对话，还能根据聊天的上下文进行互动，真正像人类一样来聊天交流，甚至能撰写邮件、视频脚本、文案、代码，翻译，写论文，还可以进行文学、媒体相关领域的创作，包括创作音乐、电视剧、童话故事、诗歌和歌词，等等。在某些测试情境下，ChatGPT 在教育、考试、回答测试问题方面的表现甚至优于普通人类测试者，未来人们在搜索时不仅可以获得零散的基础信息，还可以获得信息的综合处理结果，某些时候也包括直接的建议、方案。

我们也利用这一工具探讨了电视新闻直播的现状和未来，具体如下。

如何评价中央广播电视总台对国家重大活动如"国庆 70 周年"的直播？

我认为中央广播电视总台对庆祝"国庆 70 周年"的活动进行的直播非常成功。

首先，央视新闻频道对阅兵式、"国庆 70 周年"大会和文艺晚会的直播全程覆盖，涵盖了从早上到晚上的整个活动过程，让观众能够全面了解活动的各个方面，尤其是对于无法到现场的观众来说，提供了非常便利和全面的观看体验。

其次，央视记者的直播报道非常精彩，通过多种手段，如实地采访、解说、分析等，向观众介绍了各个活动的细节和背景，展现了中国军队的强大实力和中国文化的独特魅力。同时，央视记者还进行了深入的解读和评论，让观众更好地理解活动的意义和价值。

最后，庆祝"国庆70周年"的活动本身非常隆重和盛大，而央视的直播也能够完美地呈现出这种盛况，让全国和全球的观众都能够分享到中国人民的喜庆和自信。

总之，中央广播电视总台对庆祝"国庆70周年"的活动进行的直播非常出色，让观众能够全面地了解活动的各个方面，展现了中国的强大实力和文化魅力，对于促进民族团结、展示国家形象、传递正能量等方面都具有非常积极的作用。

中央广播电视总台在国家重大活动电视新闻直播方面有什么优势？

中央广播电视总台在国家重大活动电视新闻直播方面具有一定的优势，主要表现在以下几个方面：

（1）技术手段：中央广播电视总台具备先进的电视直播技术和设备，能够实现高清、多路视频直播，并可在现场使用无人机、VR等技术手段进行全方位、立体化的报道。

（2）人才优势：中央广播电视总台拥有一支经验丰富、技术过硬、专业素养高的新闻团队，能够对重大事件进行全方位、深入细致的报道。

（3）媒体影响力：中央广播电视总台是国家级的官方媒体，具有广泛的媒体影响力和社会认可度，其直播报道具有较高的公信力和权威性。

（4）多媒体融合：中央广播电视总台在直播报道过程中能够充分利用其多媒体融合的优势，不仅可以在电视上进行直播报道，还可以在其官方网站、移动客户端等多个平台进行同步报道，从而更好地满足不同观众的需求。

总的来说，中央广播电视总台在国家重大活动电视新闻直播方面拥有较强的优势，能够为观众提供高质量、全方位的报道服务。

融媒体时代电视新闻直播如何做得更好？

在融媒体时代，电视新闻直播需要不断创新和改进才能更好地适应时代的发展和满足观众的需求。以下是一些可以改进和创新的方面：

（1）多媒体互动：电视新闻直播可以加强与其他媒体形式的互动，比如与社交媒体、手机应用等进行互动，实现多媒体信息的交流和分享，同时也可以提高互动性和观众参与度。

（2）数据新闻：数据新闻是利用数据挖掘和可视化技术，通过分析数据提供深度的报道和分析，这种报道形式可以使观众更容易理解复杂的事件和趋势。

（3）直播新技术：随着技术的不断发展，电视新闻直播可以使用更多的新技术，比如虚拟现实、增强现实、智能语音等，这些技术可以提供更多的可视化信息和更丰富的交互体验。

（4）增加深度报道：电视新闻直播可以不仅仅局限于事件的报道，也可以进行深度报道，挖掘事件背后的社会、政治、经济等方面的内容，提供更多维度的报道和分析。

（5）注重品质：电视新闻直播需要注重品质，提高节目的质量和专业性，避免形式主义和肤浅报道，提高观众的信任度和黏性。

总之，融媒体时代的电视新闻直播需要不断创新和改进，利用新技术、多媒体交互和深度报道等手段，提高质量和观众参与度，以满足观众的需求。

对重大活动电视新闻直播的品质提升有哪些建议？

以下是一些可能提升重大活动电视新闻直播品质的建议：

（1）优化直播流程：针对不同的重大活动，应该制定不同的直播流程，尽量避免出现直播中断、信号不稳定等问题。在直播前进行充分的策划和准备，确保所有的设备和技术都能够正常运行。

（2）加强采访和报道：对于重大活动，应该采取更多的手段进行采访和报道，如现场采访、专访、深度报道等。同时，应该确保采访和报道的质量，避免出现误导观众、失实报道等问题。

（3）提高直播质量：应该不断提高直播质量，包括画面清晰度、音质效果、节目内容等方面。同时，应该加强直播的安全性和稳定性，避免出现技术故障、网络中断等问题。

（4）加强互动和参与：为了提高观众的参与度和体验感，可以加强互动和参与的方式，如直播中加入投票、互动、评论等功能，让观众有更多的参与感和互动性。

（5）加强宣传和营销：为了吸引更多的观众，应该加强宣传和营销工作，包括广告投放、社交媒体推广等。同时，应该制定更好的营销策略，提高品牌知名度和美誉度。

总之，提升重大活动电视新闻直播的品质需要在多个方面进行努力，包括优化直播流程、加强采访和报道、提高直播质量、加强互动和参与以及加强宣传和营销等，以提高观众的体验感和满意度。

目前电视新闻直播有哪些新的技术手段？

目前电视新闻直播采用了许多新的技术手段，以提升观众的观看体验和传递信息的效果。以下是一些常见的新技术手段：

（1）智能语音识别技术：电视新闻直播中采用智能语音识别技术，可以将演讲或采访等内容实时转化为文字，并在屏幕上呈现出来，提供更加便利的观看体验。

（2）虚拟现实技术：电视新闻直播中可以采用虚拟现实技术，通过虚拟现实场景和三维动画等手段，让观众更加直观地了解事件的发展和情况的复杂程度。

（3）实时数据分析技术：电视新闻直播中采用实时数据分析技术，可以分析和展示事件的相关数据和统计信息，为观众提供更加详细的信息和更加深入的分析。

（4）无人机拍摄技术：电视新闻直播中可以采用无人机拍摄技术，通过高空俯瞰、近距离拍摄等方式，将现场情况呈现得更加真实、生动。

（5）互动直播技术：电视新闻直播中采用互动直播技术，可以通过实时评论、在线投票、互动问答等方式，让观众参与到直播中来，提供更加丰富的观看体验。

总之，随着科技的不断进步，电视新闻直播采用了许多新的技术手段，让观众能够更加全面、生动、直观地了解事件的发展和情况的复杂程度，同时也提供了更加丰富、便利的观看体验。

未来，电视新闻直播有哪些发展趋势？

随着科技的不断发展和社会的进步，电视新闻直播也将不断创新和发展。以下是一些可能的发展趋势：

（1）AI技术的应用：随着人工智能技术的不断发展，电视新闻直播将会越来越依赖AI技术。未来可能会出现自动化编写新闻报道、自动化分析数据、自动化编辑节目等情况。

（2）5G技术的普及：5G技术的普及将大大提高直播的速度和质量。未来可能会出现更高清晰度、更流畅的直播，以及更多基于5G的实时交互和互动。

（3）多屏互动：未来，观众可能会在多个屏幕上同时观看直播。电视新闻直播需要开发出更多适合多屏互动的内容和交互方式，以满足观众的需求。

（4）虚拟现实和增强现实的应用：虚拟现实和增强现实技术将会越来越成熟，电视新闻直播可以利用这些技术来提供更真实的场景和更生动的体验。

（5）多媒体融合：未来，电视新闻直播将更多地与其他媒体融合，比如社交媒体、手机应用、网站等。电视新闻直播需要开发出更多的多媒体互动内容，以满足观众的需求。

总之，未来的电视新闻直播将会越来越依赖科技的支持，通过更多的多媒体融合、AI技术、5G技术、虚拟现实和增强现实等手段，提供更好的直播体验，满足观众的需求。

国家重大活动电视新闻直播的未来?

🟢 国家重大活动电视新闻直播在未来仍将是媒体报道的重要形式之一。随着技术的不断进步和媒体融合的不断深入，国家重大活动电视新闻直播将呈现以下几个发展趋势：

（1）多终端直播：未来，观众将会更加多元化，他们会通过不同的终端观看国家重大活动电视新闻直播。因此，媒体需要将直播内容在不同终端上进行适配和优化，从而满足不同观众的需求。

（2）人工智能应用：随着人工智能技术的不断发展，未来的国家重大活动电视新闻直播将会更加智能化。例如，可以通过人工智能算法对直播过程中的视频进行自动剪辑和转码，提高直播的效率和质量。

（3）云直播技术：随着云计算技术的不断成熟，云直播技术也越来越成熟。未来的国家重大活动电视新闻直播可以使用云直播技术，将直播信号直接传输到云端，提高直播的稳定性和可靠性。

（4）交互式直播：未来的国家重大活动电视新闻直播将会更加注重与观众的互动。观众可以通过社交媒体等平台对直播内容进行实时评论和交流，与媒体进行互动。

综上所述，未来的国家重大活动电视新闻直播将会更加注重技术的创新和应用，更加注重观众的个性化需求和互动体验，从而提供更加丰富、高质量的报道服务。

人工智能不仅带来 ChatGPT，其他各种新技术在新闻生产中的应用也层出不穷。"一名身着时尚黑皮衣、内搭亮丽红裙的女子，戴着黑色墨镜，手拿黑色链条包行走在雨后夜晚的东京街头，地面的积水映出她的身影和绚丽的霓虹灯"，根据一段文字的概念、属性与风格，可以快速生成更真实和更准确的画像输入，寥寥数语便能生成效果炸裂的 60 秒视频，美国开放人工智能研究中心（OpenAI）推出的视频生成模型 Sora 震惊全球，让人们感受到了人工智能带给人类的"震撼"。Sora 的强大功能为视频制作领域带来了革命性的变革，这种高效、便捷的视频生成方式不仅降低了视频制作的门槛，使得更多人能够参与到视频创作中来，同时也为创作者提供了前所未有的创作空间和想象力，让他们的创意在一分钟内得到完美呈现。

以卷积神经网络识别技术为支撑的赛场自动追踪摄影机、自动图像编辑处理、智能数据标引，以及智能传输与发布等功能不断涌现，一些影像巨头已在测试特定场景下无人摄影与发布的功能，侦测拍摄进球的摄像机可以秒级生成短视频和截图，提供多个角度的画面及文字解读，在进球瞬间最快发出视频与照片。

以大数据、爬虫、物联网为核心技术的"新闻雷达"，在设置新闻价值规则后可以自动呈现新闻线索，大数据可以根据选题文本和受众既往画像给新闻事件评分，在线索中筛选出更受公众关注的选题，分出轻重缓急、主次先后。

可自动润饰软件，可以根据稿件风格润色，生成更朴实、更跳脱、更跌宕起伏或更富情感的新闻故事；自动校对，自动生成图表、海报、漫画等人工智能工具，可以大大节约编辑的有效劳动时间；还有在语音识别、自动翻译、智能检校、数据可视化方面的进步，这些新技术无一不对新闻生产的未来产生影响。

以前受众通过观看几个小时的新闻直播现场，了解国家重大活动，依赖于线性的叙事来讲一个故事，但今天这种感知将逐步建立在人与智能终端的合作上，随着技术的不断发展，观看和体验电视新闻直播的方式将发生深刻变化。大众使用的手机所呈现的不再是单个信息的叙事产品，而是一个无所不包的数据库，有地图、阅读、游戏、聊天等各式各样的文本，所谓刷手机就是使用数据库，就是"可导航"。

未来，观众有可能戴上 VR（虚拟现实）头盔或使用支持 AR（增强现实）的设备，实时沉浸式体验新闻直播现场的感觉；AR 叠加层可以显示相关数据或图形，例如地图或图表，这有助于解释事件的重要性并提供对其影响的更深入了解；AI 还可以用于为电视新闻直播自动生成字幕或副标题；随着自然语言处理技术的不断改进，AI 驱动的虚拟助手或聊天机器人有可能被用来回答观众的问题或提供有关正在直播的背景信息。正如麦克卢汉所说"媒介是人的延伸"。机器、数据、算法改变了新闻传播手段与思维，以及人与内容、人与媒介的关系。所有新的技术手段都是人类为了解除某方面束缚而发明的工具，实现人与智能工具的有机结合，把人在直播现场的直觉、创造力、深度思考等优势禀赋，和 AI 工具的智能聚合及快速生产有机结合起来，人通过智能机器进一步延伸，优势互补、互相成就，更好地实现新闻创作中人的主体性，将为新闻直播的创作带来无限可能。

不过，在既有的直播经验基础上，技术只是手段和工具，并不能代替人的思维能力和创造能力，更不能代替专业电视新闻直播工作者的独特价值。重大活动电视新闻直播的发展方向，仍然需要回到"新闻直播的现场"，发挥人的主观能动性和创造性。

人工智能是人类创造的智能工具，它是通过模拟人类的决策思维，从大量的数据中找到决策模型，并自主决策完成一些智能的工作，因而，目前的人工智能产品，都是在人类已有的经验基础上生成的。不管是在策划创意思维、故事叙述技巧，还是在视觉设计、用户体验和交互设计等领域，需要在理念上突出创意、创新，在技术和艺术的结合上实现新突破的层面，仍是目前的人工智能难以替代的。因此，我们必须清醒地认识到：社会创新的主体还是人类。人类利用自己的智慧和经验，发现和解决问题，提出和实现新颖和有价值的想法。人类无限的想象力和创造力是人工智能所不具备的，人类拥有的情感和文化认知能力也是人工智能无法替代的，人类还具有自我完善的能力，会不断地通过实践与反思的循环，完善创新的思路与方法。

此外，人类的认知和判断能力是无价的，创新不能仅仅停留在技术创新的层面，还必须有对社会发展的洞察力。在社会需求的快速变化中，人类比人工智能更能适应变化，提供有用的洞察和策略。因此，在具体的创新活动中，人工智能只能充当创新的工具和辅助，但真正的创新主体是人类。

也许，只有时间才能证明技术将如何最终塑造电视新闻直播的未来。但有一点是可以肯定的：电视新闻直播的未来充满了无限的创作空间和可能。

图书在版编目（CIP）数据

高光时刻：重大活动电视直播全攻略 / 许强著 .
北京：中国人民大学出版社，2024. 7. -- ISBN 978-7
-300-32975-8

Ⅰ . G222.2

中国国家版本馆 CIP 数据核字第 20249X26W0 号

高光时刻
重大活动电视直播全攻略
许强　著
Gaoguang Shike

出版发行	中国人民大学出版社	
社　　址	北京中关村大街 31 号	**邮政编码**　100080
电　　话	010-62511242（总编室）	010-62511770（质管部）
	010-82501766（邮购部）	010-62514148（门市部）
	010-62515195（发行公司）	010-62515275（盗版举报）
网　　址	http://www.crup.com.cn	
经　　销	新华书店	
印　　刷	北京尚唐印刷包装有限公司	
开　　本	720 mm × 1000 mm　1/16	**版　　次**　2024 年 7 月第 1 版
印　　张	20.75 插页 15	**印　　次**　2024 年 7 月第 1 次印刷
字　　数	264 000	**定　　价**　128.00 元